BUDGET

OUTIL INDISPENSABLE
POUR LA
STABILITÉ FINANCIÈRE
DES FOYERS

La comptabilité appliquée
à la finance personnelle

AMOS BÉLABE

BUDGET: OUTIL INDISPENSABLE POUR LA STABILITÉ FINANCIÈRE DES FOYERS
AMOS BÉLABE

amosbelabe@yahoo.fr

ISBN (Print Edition): 978-1-09833-471-0

ISBN (eBook Edition): 978-1-09833-472-7

SOMMAIRE

REMERCIEMENTS

J'utilise ce coin pour adresser mes sincères remerciements :

- Au grand Architecte de l'univers, lui seul qui m'a comblé de sa grâce pour la réalisation de ce modeste travail ;
- À mes parents monsieur et madame Louis Charles Y. Belabe qui ont sacrifié toute leur vie pour mon éducation ;
- À ma femme Rose Christa Fils qui m'a toujours supporté et qui manifeste encore sa compréhension envers moi ;
- À mon collaborateur immédiat, l'infatigable Ronaldo Joanis qui a participé à toutes les étapes de la rédaction et de la conception de cet ouvrage ;
- À Ronald Jocelyn et son équipe pour la relecture du manuscrit. Ils ont produit un travail extraordinaire ;
- À mes frères et sœur qui m'ont toujours servi de conseillers ;
- À la famille Claude spécialement Mimine, pour leurs impacts dans mon orientation professionnelle ;
- À tous ceux et celles qui ont cru en ma capacité et qui m'encouragent constamment à aller de l'avant ;
- À tous ceux et celles qui ont contribué de près ou de loin à la réalisation de ces pages, sans être nommément cités ;
- À vous, finalement, chers lecteurs, pour la confiance placée en moi en choisissant cet ouvrage comme votre guide dans la gestion financière de vos ressources.

Dédié à ma fille Christie M. Bélabe,
ma principale source de motivation

PRINCIPALES ABRÉVIATIONS

BCE	Banque centrale européenne
BNR	Bénéfices non répartis
BRH	Banque de la République d'Haïti
CFPB	Contribution foncière des propriétés bâties
COVID-19	Coronavirus desease 2019 (Traduit de l'anglais : maladie de coronavirus 2019)
CNRTL	Centre national de ressources textuelles et lexicales
DGI	Direction générale des impôts
DUDH	Déclaration universelle des droits de l'homme
INAGHEI	Institut national d'administration de gestion et des hautes études internationales
INSEE	Institut national de la statistique et des études économiques
MBA	Marge brute d'autofinancement
PCGR	Principes comptables généralement reconnus
PIB	Produit intérieur brut
PNUE	Programme des Nations unies pour l'environnement
RTBF	Radio-télévision belge de la communauté française
SIM	Subscriber identification module (Traduit de l'anglais : Module d'identification d'abonné)

INTRODUCTION

La pandémie de la covid 19 n'affecte pas uniquement les infrastructures sanitaires et environnementales, mais aussi elle remet en question d'autres domaines tels que la finance personnelle et l'économie en général. Le site consoglobe affirme que « *la consommation mondiale sous toutes ses formes (produits finis, nourriture, ressources naturelles ou minières) a explosé depuis un siècle.* » Force est de constater, non sans grandes inquiétudes, que sans des actions concrètes pour régénérer les ressources consommées par l'humanité, les probabilités de survie de la planète s'amenuisent au fil des décennies. Selon les estimations du programme des Nations Unies pour l'environnement (PNUE), vers 2050, les quelque neuf milliards d'habitants consommeront cent quarante milliards de tonnes de minerais, d'hydrocarbures et de biomasses (bois, culture, élevage). Beaucoup de défenseurs de la protection de l'environnement prônent comme piste de solution des actions sur la croissance démographique afin d'éviter l'absorption complète des ressources naturelles au fil des ans. Toutefois, un autre paramètre qui n'est pas trop exploré serait la diminution du niveau de consommation mondiale.

Si l'on devait se référer uniquement aux besoins essentiels de l'être humain pour aborder les facteurs déclencheurs de sa consommation, ce concept en lui-même serait irréductiblement évalué à sa juste valeur. En tenant compte de la pyramide des besoins de Maslow, s'ajoutent d'autres besoins qui ne sont pas considérés comme fondamentaux, mais qui vont constituer des échelons supplémentaires de garanties du bien-être de la personne. Comment parviendrait-on à satisfaire ces besoins ?

De manière générale, c'est l'obtention de biens et services disponibles à partir de moyens économiques qui facilitent l'atteinte des satisfactions de l'être humain. Ceci étant dit, on écarte volontairement les débats que peut engendrer le bonheur spirituel sur ce sujet. Donc, rapporter la consommation sur un angle économique nous permet de mieux l'appréhender en évaluant ses formes et ses conséquences en matière de bienfaits et de méfaits sur le regroupement de personnes vivant sur un même toit pour un partage en commun de leurs ressources.

Je me souviens de cet ami dynamique et chaleureux qui était venu chez moi un après-midi d'été. À ce moment-là, j'habitais à Delmas. Il voulait partager avec moi les principes d'une entreprise basée sur le marketing de réseau et m'inviter à en faire partie. Je restais silencieux devant la facilité avec laquelle il introduisait le sujet et il commençait à m'interroger sur mes rêves. Est-ce que j'en ai ? Si oui, lesquels ? Qu'est-ce que j'ai fait pour les transformer en réalité ? … Ceci a suscité des interactions entre nous et, in fine, il a écrit avec son marqueur vert sur le petit tableau blanc le mot : CONSOAMATEUR.

Depuis le jour où ce mot composé de consommation et d'amateur, « CONSOAMATEUR, » ait été prononcé à mes oreilles, je ne cesse de réfléchir à une définition propre qu'on pourrait lui attribuer ; même si ses impacts sur mes habitudes de dépenses étaient profonds et significatifs. Pour une meilleure compréhension, je me réfère à une connotation du concept amateur qui sous-entend un manque de connaissance du domaine en question. Si l'on devait prendre la consommation dans le sens d'une discipline à explorer, quelqu'un qui l'utilise sans aucune analyse en profondeur de ses effets à court, à moyen et à long terme, devrait être considéré comme un amateur. C'est pourquoi aucune discussion sur l'amélioration des conditions économiques des ménages ne peut être abordée sans comprendre les enjeux des consommations irrationnelles pendant une période déterminée. Celui qui ne fait qu'acheter des biens de consommation à partir de ses revenus a moins de chance de réussir financièrement que quelqu'un qui priorise l'investissement. Le chapitre 13 explique cette idée en détail.

Plusieurs caractéristiques identifient un amateur de la consommation :

1. Il ne réfléchit pas avant d'engager une dépense. Il se laisse guider par ses émotions, car selon lui c'est une occasion en or qui se présente sans comprendre que celle-ci se présentera toujours quand on gère adéquatement ses ressources.

2. On le convainc facilement. Les agents de marketing connaissent les mots qui l'atteignent et qui lui portent à faire des achats malgré lui. S'il résiste un peu, ils savent comment atteindre son conjoint ou sa conjointe, ses enfants, les membres de sa famille, ses amis […].

3. Il se positionne et s'évalue par rapport aux gens de son environnement, à leur résidence, à leurs biens matériels et à leur mode de vie en général. Une infinité de préoccupations qui le pousse à dépenser follement et de ce fait qui l'éloigne d'une bonne gestion financière de ses avoirs.

4. Il se rapproche de plus en plus de l'oniomanie qui est un trouble lié à l'achat impulsif d'objet dont on n'a pas souvent besoin. En d'autres termes, il souffre de la boulimie d'achat. Il n'est pas nécessaire pour lui de savoir si ce qu'il va acheter est nécessaire, mais ce qui compte pour lui est de l'acheter à tout prix. Il cherche toujours des achats à faire sur internet, dans les rayons des supermarchés, dans les rues où sont exposés des articles de toutes sortes. Il peut acheter quelque chose et l'oublier le jour suivant.

5. Les dépenses qui devraient être prioritaires sont reléguées le plus souvent au second plan, car elles ne semblent pas dignes d'intérêt. On ne retrouvera pas ces personnes dans une librairie en train de chercher des ouvrages de développement personnel comme « *Comment se vendre ?* » de Véronique Winum et de Delphine Barrais (2010), des ouvrages d'éducation financière comme « *Père riche, père pauvre* » de Robert T. Kiyosaki (2000) et tant d'autres qui leur permettraient d'améliorer non seulement leur relation avec les autres, mais aussi leur éducation financière.

6. Un dernier trait caractéristique qui pourrait être lié au cinquième point consiste en l'ignorance des principes d'une bonne gestion financière. En général, ces personnes-là sont inconscientes des risques que court leur santé financière et agissent en toute quiétude, car elles se sentent dans leur zone de confort. Notez que l'amateur

en consommation prend beaucoup de plaisir dans ses lacunes. Il se sent dans sa peau jusqu'à ce qu'il commence à prendre conscience de sa situation financière.

L'intervention de mon ami ne se limitait pas restrictivement aux problèmes de la consommation, car, disait-il, pour vivre, on aura toujours besoin d'acquérir des biens et des services pour notre nourriture, notre logement, notre déplacement [...]. De ce fait, un autre aspect capital consistait en ce que nous détenons comme ressources nous permettant de nous procurer au moins le strict nécessaire à notre survie. Dans son ouvrage intitulé « Le quadrant du cash-flow », Robert T. Kiyosaki (2015) nous explique que les ressources financières de nature saine proviennent généralement de quatre sources : l'emploi, les tâches libérales et les petits commerces, les entreprises de système et les investissements. Ces sources vont produire respectivement des employés, des travailleurs autonomes, des propriétaires d'entreprise et des investisseurs.

Originaire d'un pays à faible revenu (Haïti) où les opportunités sont limitées, je suis obligé d'inclure dans ce schéma les bénéficiaires de dons, car eux aussi subviennent à leurs besoins et à ceux de leurs familles. Je ne vais pas m'éterniser sur les caractéristiques de ces différents groupes pour éviter toute confusion ou mésinterprétation.

Maintenant, la grande préoccupation de tout individu peut se résumer dans les interrogations suivantes : est-ce que les rentrées de fonds provenant de ces différentes sources sont suffisantes pour couvrir ses besoins fondamentaux ? Quelles sont les causes qui peuvent engendrer un écart négatif ? Quelles seraient les conséquences de cet écart ? Quelles sont les alternatives possibles pour remédier aux impacts de telles situations ?

Ces questions d'apparence facile sont fondamentales dans le cadre d'une approche préliminaire du concept de la stabilité financière des ménages. Ainsi, pour répéter un ancien professeur de « Géographie économique d'Haïti » à l'Institut national d'administration, de gestion et des hautes études internationales (INAGHEI), le feu Ernst Bernardin qui retentissait sans cesse ce vieux dicton : « un problème correctement posé est à moitié résolu. » En d'autres termes, c'est à partir des différents questionnements qu'on parviendra à mieux appréhender les problèmes à l'étude.

L'objectif de cet ouvrage est de présenter au grand public un outil qui leur permettrait d'approcher avec minutie les différentes questions qui ont rapport avec la gestion financière de leur foyer. En outre, cet ouvrage se veut un instrument destiné à aider les ménages à pouvoir chambarder les mauvaises habitudes de dépenses qui ruinent leur vie. Quels que soient leur niveau d'étude, leur sexe, leur âge et leur principale source de revenus, certains ménages sont incapables de gérer adéquatement leur budget.

Comme mentionné précédemment, ramener le concept budget qui revêt d'une caractéristique assez technique à un simple instrument entre les mains ou à la disposition de n'importe quelles personnes physiques ou morales nécessite un traitement minutieux. C'est pourquoi dans cet ouvrage, nous allons nous atteler d'abord à donner des explications sur les concepts clés, car une meilleure compréhension devrait nous permettre ipso facto d'entrer dans les détails sur les éléments concernant le montage d'un budget adapté et maitrisé. Il est aussi important d'attirer l'attention de nos lecteurs sur les différentes parties nécessaires du budget à savoir les rentrées et les sorties de fonds avant de voir comment ces postes sont applicables à la gestion financière familiale. La dernière partie sera consacrée à énumérer de manière détaillée les résultats que l'application des différentes recommandations de cet ouvrage peut avoir sur chacun de manière individuelle, sur les ménages, sur les communautés et sur la société d'un point de vue général.

La méthodologie retenue consiste à puiser dans le vocabulaire courant des termes simples qui permettent d'expliquer des concepts utilisés dans le jargon financier. Nous ferons aussi de notre mieux pour expliciter certaines techniques financières avec des exemples courants puisés dans la réalité.

Malgré les différents efforts consentis pour trouver les mots les plus justes et les moins complexes, un fait est que l'interprétation de certaines idées peut varier en fonction de la compréhension du lecteur. Toutefois, au terme de votre lecture, vous devriez être en mesure de différencier les nuances qui caractérisent les concepts clés, parvenir à une meilleure compréhension du budget familial et de ses composantes, comprendre l'application d'une rigueur budgétaire et les avantages qui en découlent. Dans tout cela, le plus important serait de consentir des efforts pour changer vos habitudes financières en élaborant et en mettant en œuvre adéquatement votre budget. C'est à partir de cette ferme décision que vous commencerez à comprendre que vos rentrées pouvaient accomplir beaucoup plus que ce que vous aviez pensé et c'est à ce moment que cet ouvrage trouvera toute son essence.

Bonne lecture et je vous souhaite déjà du succès
dans votre nouvelle vie financière en commençant
à établir vos budgets personnels.

PREMIÈRE PARTIE

DÉFINITION DES CONCEPTS CLÉS

Qui se souvient des fameux exercices d'analyse logique qui représentaient pour beaucoup de jeunes en classe de primaire un véritable casse-tête chinois ? Ces exercices consistaient à prendre chaque mot séparément et à les décortiquer en profondeur. Plus tard, on aura appris que la sémantique est l'étude de la plus petite unité (des morphèmes) dans laquelle on reconnait une expression dans une langue ; en d'autres termes, elle analyse le sens des mots et le processus par lequel ils se chargent de ce sens. Tout ceci permet de comprendre à quel niveau l'appréhension des mots a une place hautement signifiante dans la constitution d'une idée quelconque. D'ailleurs, on nous a toujours enseigné que les phrases sont constituées de mots comme éléments de base.

Si les mots n'ont pas toujours les mêmes fonctions ni les mêmes natures dans une phrase, on peut toujours avancer qu'ils n'ont pas non plus les mêmes degrés d'importance. C'est de là que va découler la notion de « mot clé » dans l'analyse d'une phrase donnée.

Le mot clé se définit en général comme étant un mot ou un groupe de mots qui a une importance particulière permettant de caractériser le contenu d'un document et facilitant une recherche d'information. Selon le dictionnaire Larousse, c'est un mot essentiel d'une phrase, d'un vers ou d'un texte, d'un sujet de rédaction ou de dissertation. Toutefois, ce qu'il est important de retenir est que les mots clés donnent une vue globale du sujet posé ou du message que l'on veut transmettre.

Dans notre cas, avant de rentrer dans les détails, nous allons consacrer cette première partie aux mots clés suivants :

- *Budget*
- *Stabilité financière*
- *Foyer ou ménage*

CHAPITRE 1

LE BUDGET

Ce concept vient d'un vieux mot français « bougette » ou « petite bouge. » Le terme latin « bulga », équivalent à bouge en français, désignait au moyen-âge le coffre ou le sac dans lequel le voyageur emportait ses effets personnels ou encore la bourse dans laquelle il gardait ses écus. Selon Salem Mahmoud sur son blog (http://salem.over-blog.com), la bougette était là pour éviter l'improvisation d'un long voyage, car il fallait prévoir comment programmer les étapes de l'auberge et disposer du montant approprié.

Par la suite, le concept allait être repris par les Anglais à l'issue de la guerre de Cent Ans, car c'est à cette époque que les institutions parlementaires naissaient. *Le « budget »* devient une notion de droit public, pour désigner la somme d'argent allouée par un vote du Parlement à une entité administrative pour son fonctionnement : *chaque ministre dispose ainsi d'une petite bouge abstraite (une « enveloppe budgétaire »)* dans laquelle il peut puiser (on parle aussi de « *portefeuille* » ministériel, ce qui renvoie à la même image).

Au XVIIIe siècle, le concept budget a été utilisé uniquement dans le sens de finances anglaises. Au début du XIXe siècle, on allait commencer à l'utiliser avec ses sens actuels. Ce qu'il faudrait retenir est que le champ d'application initial du budget était les finances publiques.

Actuellement, plusieurs connotations sont assimilables au concept budget qui est utilisé partout et par tous. On assiste ces dernières années à une utilisation massive de ce vocable, même dans les pays en développement où l'on peine à l'appliquer à bon escient, car la mauvaise gouvernance a une incidence directe sur le processus budgétaire en général. C'est pour cette même raison que nous mettrons beaucoup d'accents sur la rigueur dont les ménages doivent faire preuve afin de mener à bien l'élaboration et l'application de leur budget familial. Nous voulons surtout signaler ici que le budget doit être un instrument de symbiose familiale.

Il est essentiel, après cette envolée sur l'origine du concept, de voir certaines explications qu'on peut lui attribuer.

Dans un sens global, le budget représente la prévision des dépenses et des recettes pour une période donnée. Mais il peut aussi déterminer une somme d'argent qu'on alloue à une activité pour des dépenses ou des catégories de dépenses spécifiques. En fonction de l'agent économique (personne physique ou morale exerçant une activité économique quelconque), le terme peut avoir des interprétations non similaires, car les démarches d'élaboration se différencient de l'un à l'autre. Ainsi, ses champs d'applications sont nécessaires pour mieux comprendre son applicabilité concrète.

Sur le plan politique

Aborder le concept de budget sur le plan politique renvoie à l'ensemble des comptes qui décrivent, pour une année civile ou fiscale, toutes les ressources, toutes les charges de l'État, des autres collectivités publiques et des établissements publics. Le budget de l'État reflète profondément la vision du gouvernement en place et est élaboré en fonction de ses priorités. On y retrouve les besoins de l'État en matière d'investissement et de fonctionnement ainsi que les ressources provenant des taxes, des impôts, des subventions, des redevances et les autres recettes fiscales et non fiscales de l'État. En ce sens, le budget est un document administratif nécessaire dans la prise des décisions financières ou économiques du gouvernement. Il est aussi une autorisation de dépenses donnée par le Parlement au pouvoir exécutif sous forme de loi, d'où l'appellation «loi de finances».

Selon l'approche traditionnelle, l'élaboration du budget de l'État passe d'abord par la détermination des axes prioritaires en ce qui concerne les dépenses pour ensuite trouver les recettes pouvant financer ces dépenses. Selon un document préparé en juin 2017 par Group Croissance qui est une firme de consultation évoluant en Haïti, le budget national de la République d'Haïti est défini et caractérisé par ceux qui suivent :

- *Le budget est considéré comme un acte juridique, car il est présenté sous la couverture d'une loi appelée loi de finances. On en distingue la loi de finances initiale, les lois de finances rectificatives et la loi des règlements.*
- *Les deux composantes sont les voies et moyens et les crédits budgétaires.*
- *Les différentes phases du cycle budgétaire sont : la planification stratégique, l'élaboration du budget, l'exécution et le contrôle du budget et la reddition des comptes*
- *Le cycle de préparation du budget s'étend sur une période d'une année, entre le 15 octobre et le 30 septembre de l'année suivante avec des échéanciers clairement définis.*
- *La répartition du budget s'effectue par secteurs qui sont au nombre de quatre (4) : le secteur économique, le secteur politique, le secteur social et le secteur culturel qui regroupent eux-mêmes un ensemble de ministères et d'institutions.*

Ce petit coup d'œil sur le budget national ne fait pas ressortir la complexité qui caractérise ce document, mais donne une idée de ce qu'il est et des étapes de son élaboration. Il faut souligner que le budget national conditionne la bonne marche de l'État, et aide le pays à avoir la capacité de réaliser les activités planifiées ainsi que d'atteindre les objectifs de croissance et de développement.

Considérant sa composition générale, le budget sur le plan politique peut s'assimiler à celui des entreprises, car il est aussi composé de recettes et de dépenses. Toutefois, on va déceler une grande différence dans la structure détaillée et les étapes d'élaboration, car ils concourent des objectifs différents.

Sur le plan entrepreneurial

Le budget des entreprises fait ressortir la prévision des produits et des charges d'exploitation pour une période financière bien déterminée. On va dans ce sens considérer la définition comme la plus élémentaire du concept entreprise, celle qui consiste en un ensemble d'activités concourant vers un objectif commun.

Comme c'était mentionné précédemment, dans le budget de l'État, il fallait dans un premier temps définir les priorités du gouvernement et dans un second temps trouver les fonds nécessaires à partir des mécanismes ou recettes disponibles. Dans le cas des entreprises privées, en termes d'objectif, c'est l'inverse qui se produit. On cherche d'abord à maitriser le chiffre d'affaires net avant de prévoir les dépenses d'éventuels investissement ou opérations. Le chiffre d'affaires net est la marge bénéficiaire brute pour les entreprises commerciales et les entreprises de production ou la somme des produits d'exploitations pour les services rendus concernant les entreprises de service.

L'élaboration du budget, qui peut être considéré comme la feuille de route de l'entreprise, permet entre autres d'obtenir une marge bénéficiaire raisonnable. Il donne une idée approximative de ce qu'on devrait réaliser en matière de recette et un plan précis des dépenses[1]. Si le budget est bien appliqué, il contribue particulièrement à assurer la rentabilité et l'accomplissement des objectifs de l'entreprise. Certains estiment que s'il est bien établi, il peut représenter la clé du succès de l'entreprise. À un certain niveau, il sert de guide pour les dépenses et permet aussi de déterminer si elles sont trop élevées par rapport aux recettes en vue de les diminuer si c'est nécessaire au cours de la période. Dans les manuels de procédures budgétaires, cette étape sera souvent appelée : une analyse des écarts. Ce dernier peut être favorable ou défavorable.

---

1   Dans l'entreprise privée, il existe plusieurs types de budgets comme :

Le budget d'investissement ;

Le budget de production ;

Le budget de financement ; [...]

Le budget de caisse est une synthèse de ces différents budgets. Il est à souligner qu'à partir de ces différents budgets, on peut construire les états financiers prévisionnels.

L'agence Small Business Administration identifie trois éléments de base dans un budget d'entreprise : le chiffre d'affaires (recettes), les coûts (dépenses totales) et les profits.

- *Le chiffre d'affaires représente le montant total généré par l'entreprise à partir de toutes les sources. Le budget doit comporter une estimation ou une prévision du chiffre d'affaires futur de l'entreprise.*
- *Les dépenses totales représentent l'ensemble des coûts nécessaires pour la réalisation des activités de l'entreprise, y compris les coûts fixes (tels que le loyer), les coûts variables (tels que les matériels utilisés pour la production) et les coûts semi-variables (tels que les salaires).*
- *Le profit est la différence entre les recettes et les dépenses. La réalisation d'un profit étant l'objectif de l'entreprise, les dépenses doivent être autant que possible inférieures aux recettes afin de garantir un retour sur investissement raisonnable.*

(Sources : fr.wikihow.com)

Si dans l'élaboration du budget de l'État, l'objectif est de se rapprocher le plus que possible de l'équilibre c'est-à-dire un niveau global des dépenses presque équivalent au niveau global des recettes ; dans celui de l'entreprise outre les entreprises sociales, l'objectif est de parvenir à maximiser le plus que possible la rentabilité. Ceci sous-entend qu'il faut prévoir l'augmentation des recettes par des stratégies appropriées et diminuer les dépenses en éliminant celles qui ne sont pas prioritaires.

Ces deux premiers champs d'application du concept budget, n'étant pas l'objet principal de l'ouvrage, c'est ce qui explique cet envol peu détaillé. Une autre catégorie, bien qu'elle utilise moins les procédés budgétaires que les autres acteurs (État et entreprises), est l'ensemble des ménages en général ou de manière particulière des individus.

Sur le plan des particuliers ou des ménages

Étant donné que nous verrons en détail, dans les chapitres suivants, les différentes caractéristiques et les différentes composantes du budget des ménages, il sera présenté dans ce chapitre grosso modo. Le budget des ménages se définit comme l'ensemble des ressources qu'on compte recevoir et leurs utilisations (ou dépenses). Le terme ressource sous-entend, dans ce contexte, principalement les moyens financiers ou revenus.

Chaque fois que j'aborde le concept « budget familial » dans mes conférences, cette question survient toujours à savoir est-ce qu'il est possible de maintenir un budget même dans les conditions économiques que traversent les pays en développement dont Haïti ? Les revenus ne sont pas toujours suffisants pour couvrir les besoins, les prix des produits ne cessent pas de subir des variations à la hausse, etc. Je suis obligé de me référer à la rareté comme étant l'une des conditions de base de la science économique. D'ailleurs, elle a été l'objet de recherche des économistes classiques Adam Smith puis David Ricardo (Théories de la valeur) et cette notion joue un grand rôle dans la fixation de la valeur d'un bien. C'est pourquoi dans son paradoxe de l'eau et du diamant, Adam Smith (1843) constate qu'il n'y a pas une corrélation entre la valeur d'usage et la valeur d'échange. *« Il n'y a rien de plus utile que l'eau, mais elle ne peut presque rien acheter ; à peine y a-t-il moyen de rien avoir en échange. Un diamant, au contraire, n'a presque aucune valeur quant à l'usage, mais on trouvera fréquemment à l'échanger contre une très grande quantité d'autres marchandises. »*

C'est donc cette même raison qui nous pousse à accorder beaucoup de valeurs à notre revenu. Si nos revenus étaient abondants et infinis à un point tel qu'on n'en manquerait jamais, cela ne vaudrait pas la peine d'en accorder autant d'importances. Pour ceux qui croient dans les écrits bibliques, au commencement, c'est-à-dire au temps d'Adam et Eve, il n'était pas nécessaire d'échanger des produits contre d'autres produits ou contre des instruments intermédiaires (la monnaie par exemple), car rien n'appartenait à personne. C'est à partir du moment que les propriétés ont été partagées que vont naitre tous les problèmes économiques que nous connaissons. L'un des conflits que nous rapporte la Bible est l'histoire d'Abraham et Lot, son neveu.

Les revenus, étant à un niveau si limité, il est donc nécessaire d'en faire un usage optimal. Quand cette question survient, j'essaie de les faire comprendre que plus, ils ont des difficultés à joindre les deux bouts, ou à accommoder leurs dépenses à leurs revenus à cause des difficultés économiques, il serait plus impérieux pour eux de gérer ce qu'ils détiennent ou reçoivent avec rigueur. C'est-à-dire qu'ils doivent maitriser leurs revenus avant même de prévoir et de procéder aux dépenses. L'instrument nécessaire dans ce cas n'est autre que le budget.

En bref, quelle que soit la situation économique du pays dans lequel évolue un individu, un couple ou un ménage en général, il a besoin d'un budget pour prévoir ses recettes et, ipso facto, mieux cadrer ses dépenses.

CHAPITRE 2

STABILITÉ FINANCIÈRE

Le premier concept abordé, en l'occurrence le budget, paraissait un terme familier et mieux connu à cause de son application pratique dans la gestion personnelle ou d'une entreprise. Mais la notion qui va être abordée constitue la finalité ou une étape à atteindre dans tout processus de bonne gestion.

Le terme est plutôt utilisé dans le sens macroéconomique. Même à ce niveau, il n'y a pas encore de consensus sur la manière de le définir. Toutefois, selon la Banque centrale européenne (BCE) :

> *La stabilité financière est une situation dans laquelle le système financier — qui englobe les intermédiaires, les marchés et infrastructures de marché — est capable de résister aux chocs en réduisant la probabilité d'une interruption du processus d'intermédiation financière qui serait suffisamment importante pour perturber l'allocation optimale des ressources.* (https://www.ecb.europa.eu/ecb/tasks/stability/html/index.fr.html)

En résumé, la stabilité financière se réfère au niveau de résilience du système financier aux chocs. À ce stade, l'économie est en mesure de faire face à certaines contraintes d'ordre financier.

La stabilité financière est l'une des principales missions des banques centrales. C'est ce qui explique la prise de certaines mesures drastiques quand des crises menacent la stabilité financière d'une économie quelconque. On peut prendre en exemple la création d'une direction de supervision des institutions de microfinance mutualiste par la Banque de la République d'Haïti (BRH) après la crise des coopératives au début des années 2000. Ce phénomène consistait en une multiplication effrénée de caisses populaires qui octroyaient des rendements mensuels allant de 10 à 12 % sur les épargnes des membres. La faillite de l'une de ces coopératives allait créer une panique qui aurait eu des répercussions en chaine dans tout le secteur. La BRH a dû intervenir pour fixer les modalités de fonctionnement de cesdites institutions. On aurait pu prendre aussi en exemple la crise financière mondiale de 2007 et 2008 qui était marquée par une crise de liquidité et dans certains cas une crise de solvabilité. Les banques centrales étaient obligées de jouer un nouveau rôle avec un nouveau mandat face à de nouveaux défis. Pour mieux comprendre ceci, il faut se référer à un article de Laurent Clerc et Robert Raymond (2014) sur : « Les banques centrales et la stabilité financière : nouveau rôle, nouveau mandat, nouveaux défis. »

Notre objectif n'étant pas d'aller en profondeur dans la stabilité financière dans le sens macroéconomique, nous allons essayer de l'appliquer à l'économie des ménages comme étant un objectif commun ; car la stabilité financière des ménages peut avoir des impacts positifs sur le secteur réel de l'économie.

Dans un sens général, nous allons poser comme définition que la stabilité financière des ménages est leur capacité de pouvoir résister, sans recourir à de grands ajustements, aux problèmes financiers de tout ordre qui peuvent surgir. Cela implique une marge brute d'autofinancement suffisante (concept qui sera développé plus loin). En analysant chaque mot séparément, on pourrait considérer la stabilité comme étant la qualité de ce qui tend à conserver sa position d'équilibre et la finance comme étant la science de la gestion des patrimoines. De ce fait, le concept, stabilité financière, serait le maintien à une position d'équilibre, la gestion des patrimoines. Comme nous faisons référence aux ménages, il s'agit dans ce cas des patrimoines individuels.

Pour mieux comprendre dans les faits ce que représente la stabilité financière, nous allons considérer une notion très utilisée dans les ouvrages d'éducation financière notamment « Père riche, Père pauvre » (2000) et « Quadrant du cash-flow » (2015) de Robert T. Kiyosaki : Marge brute d'autofinancement. Ces deux ouvrages qui ont eu un succès fulgurant à travers le monde expliquent en général comment la gestion de la marge brute d'autofinancement peut amener un individu à la liberté financière qui est définie comme étant la capacité de pouvoir vivre aisément sans dépendre d'un emploi.

La marge brute d'autofinancement (MBA) représente l'un des ratios majeurs dans l'évaluation financière d'une entreprise. Sur le plan comptable, elle est destinée à mettre en évidence l'autonomie financière d'une entreprise au cours d'un exercice. Le terme, marge brute d'autofinancement, peut être remplacé par la notion de capacité d'autofinancement. Son calcul est très simple, car il consiste à ajouter les dotations aux amortissements et les variations des provisions pour dépréciations d'actifs immobilisés au résultat net.

C'était juste un point technique ou théorique sur le sens comptable de la MBA. De manière simpliste, on peut considérer la marge brute d'autofinancement (cash-flow en anglais) comme la différence entre les recettes courantes et les dépenses courantes. À l'aide de quelques schémas, Robert Kiyosaki donne certains détails sur l'utilisation de la MBA.

- Elle peut être utilisée pour acquérir des actifs qu'il définit comme étant l'ensemble des biens et créances qui mettent de l'argent dans votre poche. Dans ce cas, de nouveaux revenus seront créés. (Ex. Investissement) ;
- Elle peut être utilisée dans le financement de passifs qu'il considère comme l'ensemble des biens et créances qui enlèvent de l'argent de votre poche. Dans ce cas, l'individu n'aura que des dépenses à couvrir. (Ex. Cartes de crédit)

Il faut comprendre dans cette démarche que la MBA détermine l'avenir financier de l'individu. S'il désire avoir des problèmes financiers tout le long de sa vie, il peut continuer à dépenser tout ce qu'il a follement, mais s'il se soucie de son lendemain sur le point financier, il doit commencer par prendre des décisions sur la gestion de sa marge brute d'autofinancement. Cet exercice de gestion de la marge brute d'autofinancement de l'individu nécessite que ce dernier dégage un excédent de revenus par rapport à ses dépenses afin d'en faire une utilisation optimale.

Tous ceux qui ne connaissent pas l'importance de la MBA ont les mêmes propos : je ne gagne pas assez d'argent pour couvrir mes dépenses, je dois m'endetter pour joindre les deux bouts, je n'ai pas d'argent pour investir […] Tandis que, ceux qui comprennent qu'il faut à tout prix maximiser leur MBA se disent : ce que je gagne peut me rapporter plus, je dois diminuer mes dépenses, je dois éliminer toutes mes dettes inutiles et trouver dans quels domaines je peux investir […] Il y a une expression en créole haïtien qui peut être interprétée différemment par les deux groupes sus mentionnés : « *Lajan al kay lajan.* » Ce dicton peut être traduit littéralement par « l'argent va à la maison de l'argent », mais elle est équivalente au dicton français « On ne prête qu'au riche ». Le premier soutient qu'il n'a pas assez d'argent et qu'il n'en aura jamais et le deuxième se dit qu'il doit économiser de plus en plus afin d'investir, car c'est le seul moyen d'attirer plus d'argent.

Il est important de comprendre qu'au fur et à mesure que les dépenses augmentent (ceteris paribus, c'est-à-dire avec les autres facteurs constants notamment les revenus), la MBA diminue et si elles diminuent, la MBA augmente. En ce qui a trait aux recettes, ceteris paribus, au fur et à mesure qu'elles augmentent la MBA augmente et si elles diminuent, la MBA diminue. Nous pouvons conclure qu'il existe une relation inverse entre les dépenses et la MBA. En revanche, il existe une relation positive (c'est-à-dire les deux évoluent dans le même sens) entre les recettes et la MBA. Donc pour parvenir à atteindre ou maintenir un haut niveau de stabilité financière il faut augmenter sa MBA par la diminution des dépenses en supprimant celles qui sont non essentielles ou par l'augmentation des recettes. Sinon la situation financière se détériorera.

Plusieurs éléments caractérisent la stabilité financière d'un individu ou d'un ménage :

- Les problèmes financiers de base (tels que : le haut niveau d'endettement, les difficultés à subvenir aux besoins primaires, les incapacités d'investir dans des projets rémunérateurs, etc.) ne constituent pas trop de menaces ou des soucis quotidiens.
- Un niveau relativement élevé de l'épargne garantit la couverture de certaines dépenses qui surviendraient subitement comme un accident, un cas de décès, un cas de maladie…
- L'investissement est au centre de ses décisions financières. Il peut être en développement personnel, dans l'acquisition de capitaux d'une entreprise existante ou la création d'une nouvelle entreprise.
- La participation au financement d'activités sociales et religieuses ne représente pas un fardeau.

Comme il a été mentionné, quoique brièvement, la stabilité financière des ménages a une incidence directe sur l'économie nationale. D'abord, les fonds disponibles pourront être investis et ceci pourrait contribuer à diminuer le chômage en créant de nouveaux emplois, augmenter l'ensemble des richesses créées dans l'économie (le produit intérieur brut) et aider à accroitre les recettes fiscales par le paiement des taxes et impôts liés aux investissements. En outre, on peut facilement démontrer que le compte courant de la balance des paiements d'un pays est la somme des écarts entre l'épargne et l'investissement des secteurs privé et public. C'est pourquoi chercher à garantir sa stabilité financière ou celle de son foyer peut avoir des retombées sur le plan collectif bien qu'il soit une démarche ayant un caractère individuel.

Somme toute, les deux premiers concepts abordés jusqu'ici, en l'occurrence le budget et la stabilité financière, ont certaines similarités dans leurs champs d'application. Ils sont utilisés dans le sens macroéconomique dans leur origine pour pouvoir s'adapter ensuite aux entreprises et aux individus. Ce sont des termes qui ont beaucoup d'importances pour les comptables et les économistes, car le budget représente un outil de travail incontournable et la stabilité financière représente un objectif nécessaire à tous les agents économiques (ménage, entreprise, État et reste du monde).

Les termes, foyer ou ménage, seront abordés dans les lignes suivantes ; il est vrai que leur mode de fonctionnement a une incidence directe sur les activités économiques de l'État et des entreprises privées, mais ils ont plutôt un sens sociologique, car ils en représentent une catégorie de base.

CHAPITRE 3

FOYER OU MÉNAGE

Dans le troisième chapitre, nous avons choisi de focaliser notre réflexion sur le choix de l'un des deux concepts à utiliser. Intituler ce chapitre «foyer ou ménage», n'est-ce pas courir le risque de se faire critiquer puisque ces concepts peuvent être différemment interprétés en fonction des champs disciplinaires! Pour le besoin de notre ouvrage, il est crucial, voire judicieux, d'apporter certaines précisions.

La famille représente l'une des institutions de base de la société et elle remplit trois fonctions classiques : une fonction de reproduction, une fonction de production et une fonction de socialisation. Si pour certains, la famille est l'ensemble constitué du père, de la mère (ou l'un des deux) et des enfants, pour d'autres, elle peut s'étendre à toutes personnes unies par un lien de parenté ou d'alliance. La réunion de plusieurs membres de la famille sous un même toit peut prendre la connotation de foyer ou de ménage.

Le choix de l'un ou l'autre de ces deux concepts — foyer ou ménage — a suscité de profondes réflexions de ma part surtout au moment où je devais tirer la conclusion sur celui qui serait le mieux approprié au titre de l'ouvrage. Finalement, j'ai opté pour le terme «foyer» à cause de son utilisation plus courante, mais le terme «ménage» ne serait pas impropre ; on va considérer les deux comme un groupe d'individus qui partage le même toit avec des liens quelconques.

Dans le souci d'une meilleure compréhension, on va essayer d'apporter des éléments de définition plus pointus à chacun de ces termes. Par l'expression « foyer », on retiendra parmi tant d'autres sens qu'on pourrait l'attribuer, la maison où réside une famille ou la famille elle-même. Pour le ménage, on retiendra la définition du dictionnaire Larousse qui le considère comme unité statistique élémentaire de la population constituée par une ou plusieurs personnes (célibataire, famille, communauté) qui, quels que soient les liens qui les unissent, occupent un même logement à titre de résidence principale et envisagée dans sa fonction économique de consommation. Pour le célibataire, on utilise de plus en plus le terme monoménage.

Comme c'était mentionné plus haut, nous n'allons pas nous éterniser sur une analyse en profondeur de ce qui pourrait différencier ces deux, mais ils seront considérés comme un groupe de personnes, qu'ils soient mari et femme, frères et sœurs, oncles et tantes, cousins et cousines, grand-père et grand-mère, parents éloignés, amis […], qui vivent ensemble dans une même maison et qui partagent certains besoins en mettant leurs ressources en commun. Cette précision doit être interprétée dans le sens d'éviter tout débat savant ou théorique qui risquerait de perdre nos lecteurs.

Les différents organes ou instances qui effectuent des études sur ces groupes d'individus appelés ménage ou foyer notamment dans les programmes de recensement les caractérisent suivant plusieurs éléments :

- La taille du groupe c'est-à-dire le nombre de personnes qui en fait partie.
- Le sexe des composants du groupe. Combien qui sont-ils de sexe masculin ou de sexe féminin ?
- L'âge des composants du groupe. Quel est le nombre d'enfants, de jeunes, d'adultes et de vieillards qui y vivent ?
- Le lien entre les membres du groupe. Est-ce qu'il est familial ou non ?
- La maison où ils vivent, sont-ils des locataires ou des propriétaires ?
- Qui représente le chef de ménage c'est-à-dire celui qui influence le plus les décisions ou dans certains cas celui qui apporte les ressources financières et matérielles nécessaires au fonctionnement du groupe ?

- Le niveau d'instruction des membres du groupe. Ont-ils un niveau scolaire primaire ou secondaire ? Sont-ils des universitaires ou des professionnels ? [...]

On peut distinguer plusieurs catégories de ménages :

Ménage d'une seule personne ou isolé

- Ménage nucléaire composé du chef du ménage, du conjoint ou de la conjointe et de leurs enfants non mariés s'ils en ont ou sans enfants s'ils n'en ont pas
- Ménage monoparental composé du chef de ménage et de ses enfants sans le conjoint ou la conjointe
- Ménage de famille élargie composé de ménage nucléaire ou monoparental auquel s'ajoutent d'autres personnes apparentées
- Ménage hétérogène composé du chef de ménage et d'autres personnes non apparentées

Ces éléments ou catégorisations ne constituent pas une liste exhaustive, mais regroupent en grande partie ceux auxquels on devrait tenir compte dans une analyse en profondeur de ces différents types de regroupements.

Alors l'élément le plus important est le fait que ces personnes formant le ménage, unies ou non par des liens de parenté, peuvent pourvoir ensemble à leurs besoins ; ceci nécessite le plus souvent une mise en commun de leurs revenus. Brièvement, voilà ce dont il faut comprendre des concepts ménage ou foyer chaque fois qu'on les évoque dans le cadre de cet ouvrage.

Dans le cas d'un couple, le caractère individuel aurait pu être pris en charge. Mais on a préféré fixer le projecteur sur le côté commun pour la simple et bonne raison que l'impact qu'on cherche peut s'avérer moins signifiant si l'on considère la stabilité financière de chaque personne séparément. Si chacun se battait pour son propre objectif financier, on aurait eu des individus stables, mais cela ne signifierait pas ipso facto des foyers ou ménages stables. En réalité, l'intérêt de ce parti pris est justifié considérant mon obsession de voir les familles stables financièrement.

Les ménages ou foyers sont aussi considérés comme des agents économiques, car ils peuvent prendre des décisions ayant des conséquences sur l'économie. Ils se définissent ainsi compte tenu de :

> ➤ leurs fonctions (consommation, épargne [...]).
> ➤ leurs ressources (revenus, allocations, honoraires [...])
> ➤ leurs dépenses (consommation, investissement [...])

À ce titre, les ménages entretiennent des relations permanentes avec les autres agents économiques comme l'État, les banques et les entreprises [...]. De ce point de vue, ils participent dans le circuit économique. Staszak et Géneau de Lamarlière, auteurs de l'ouvrage « Principes de géographie économique » (2000), considèrent le circuit économique comme la schématisation de la circulation des richesses. Comme tout autre circuit, il est aussi constitué de flux dont leur circulation s'effectue entre ce que les économistes définissent comme pôles[2]. Dans ce contexte d'échange avec les autres agents économiques, les ménages ont pour principale mission de bien gérer leur budget en fonction de leurs revenus et de leurs dépenses. Les décisions ayant des incidences économiques ne doivent pas être prises avec légèreté, au contraire elles doivent faire l'objet d'une analyse minutieuse et rigoureuse pour être concluantes. C'est en ce sens que tous les chapitres de ce livre sont conçus en vue de répondre à un objectif unique qui est donc celui de bien comprendre le budget afin de l'appliquer dans la vie quotidienne. On reste convaincu que l'utilisation du budget par les ménages passera par une assimilation de son importance réelle et son impact financier dans la vie des gens.

---

2   Pôles économiques : catégorie composée d'agents qui exercent une fonction économique principale et prennent des décisions qui déclenchent des flux (consommation, production [...])

DEUXIÈME PARTIE

SPÉCIFICITÉS DU BUDGET PAR RAPPORT À SON ÉLABORATION

Une définition générale du budget, comme nous l'avions vu dans les lignes précédentes, consiste en la prévision de recettes et de dépenses pour une période donnée d'une entité quelconque. Cette entité peut être l'État, une entreprise, mais elle peut être aussi une personne physique (un individu) ou un foyer. Cette définition ne donne pas assez de précision sur cet outil de gestion si important. Dans la recherche d'une compréhension commune, nous allons l'approfondir avec des points qui peuvent être considérés comme des caractéristiques spécifiques. Ces dernières sont aussi valables pour tous les budgets, quelle que soit la catégorie à laquelle le concept s'applique.

Les chapitres proposés dans cette partie sont essentiels pour comprendre d'abord la notion de budget dans le temps à partir de sa caractéristique prévisionnelle. Ensuite, l'application de certains principes dans l'élaboration du budget tels que les expériences antécédentes, le degré d'importance des besoins et l'approche à utiliser dans la prévision des recettes. Enfin la compréhension d'autres éléments comme l'équilibre budgétaire, comment gérer les différences (les écarts) et l'importance du budget dans le cadre des évaluations futures. Plus de détails seront donnés sur le concept avant d'entamer la partie pratique de ce présent ouvrage.

La liste de l'ensemble des notions présentées dans cette partie peut ne pas être exhaustive en dépit de notre volonté de voir toutes les facettes du concept « budget ». Mais un fait est sûr, après la lecture de cette partie, vous acquerrez plus d'informations qui vous seront très utiles avant de voir le budget dans sa composition.

CHAPITRE 4

DOCUMENT PRÉVISIONNEL

P-R-E-V-I-S-I-O-N. La première fois que j'ai appliqué ce terme utilisé en principe d'administration, j'étais en classe de terminale. Comme toutes les classes de philosophie, on avait à organiser des activités en vue de trouver des fonds nécessaires pour couvrir une partie des coûts de notre graduation. On réfléchissait constamment aux activités qui seraient les plus rentables financièrement. À chaque situation qui se présentait, on essayait de projeter les retombées financières, car notre objectif était d'accumuler le plus d'argent que possible. Sans aucune notion théorique en finance, on se battait pour le meilleur résultat possible. Ce qui représente le quotidien de tout un chacun se dessinait devant nous comme une condition sine qua non pour la réussite de notre graduation.

La prévision, dans un sens économique, représente un ensemble de techniques permettant d'avoir une idée sur la situation économique à venir qui peut être plus ou moins lointaine (source : www.larousse.fr). Tous les agents économiques, à savoir l'État, les entreprises privées et publiques, les individus, font des prévisions. Elles peuvent se révéler écrites ou non écrites. Dans le cas des individus qui ne sont pas toujours conscients du processus, elles se traduisent le plus souvent dans une décision de consommation ou d'investissement. Tandis que pour les entreprises, elles doivent être les plus explicites et les plus précises que possible dans plusieurs domaines : marché et vente, production, dépenses à encourir […]. Il en est de même pour le gouvernement quant à la rigueur qui caractérise la prévision dans la fixation de leurs stratégies budgétaires et dans la conduite de leurs politiques monétaires (par la Banque centrale) afin de pouvoir les adapter aux situations imminentes. Les tentatives de prévisions peuvent avoir pour but de donner une image de la situation à très court terme, court terme, à moyen terme, et à long terme.

De cette même lignée d'idée, on va déduire qu'un document est prévisionnel s'il reflète la prédiction d'un avenir à court, à moyen ou à long terme.

Le budget est un document prévisionnel.

La plus grande nuance qui peut expliquer ceci est la différence qu'il y a entre le budget et les états financiers. Si le budget est un document prévisionnel, les états financiers sont des documents qui reflètent la situation exacte de l'entité en question. Expliquer à un débutant en finance que le budget n'est pas un état financier requiert une analyse en profondeur de sa caractéristique prévisionnelle.

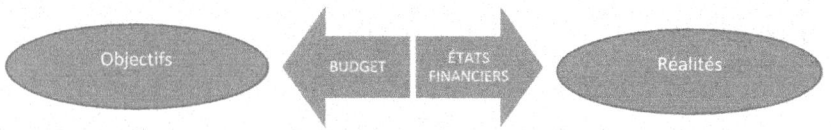

Le budget est élaboré ou préparé avant son application ou au début de la période donnée tandis que les états financiers sont préparés à la fin de la période. Dans la préparation du plan d'affaires, l'analyse financière présente des états financiers prévisionnels qui découlent non seulement du budget prévisionnel, mais aussi des prévisions de rentrées et de sorties de fonds au cours de la période prise en compte. Ceci ne sous-entend pas que les états financiers sont des documents prévisionnels, mais comme ils font partie d'un document stratégique ou prévisionnel qui est le plan d'affaires, c'est ce qui explique leurs aspects prévisionnels.

Dans l'ensemble, les états financiers sont des documents qui démontrent la situation financière actuelle de l'entreprise et qui renseignent sur sa performance financière. En Administration, on appelle « états financiers » des tableaux qui synthétisent les informations financières d'une entreprise. Les plus répandus permettent de répondre à des questions précises, telles que :

- Combien l'entreprise peut-elle générer comme profits et quelles sont les dépenses qui sont nécessaires à son fonctionnement à court terme ? (état des résultats)
- Qu'est-ce qu'elle possède comme biens ? Comment ces biens ont-ils été financés ? Autrement dit quel est son niveau de dette à court, moyen et long terme et quelle est la part des propriétaires de l'entreprise? (Bilan)
- D'où proviennent les fonds et comment sont-ils utilisés ? (état de l'évolution de la situation financière)
- Quel est le montant qui est conservé dans l'entreprise par les propriétaires ? Dans le cas des sociétés anonymes, on parle d'état des bénéfices non répartis (BNR).

Même si des analyses plus profondes sont souvent requises, ces états financiers permettent aux employés et cadres de juger leurs performances et ils permettent aux actionnaires de savoir s'ils doivent vendre leurs titres de propriété (actions) ou en acheter davantage.

Pour revenir à la notion qui nous intéresse le plus, à savoir le budget, il reflète les besoins futurs opérationnels et stratégiques. Tous les agents économiques ont des besoins qui sont spécifiques à leur situation. Le concept « besoins » est défini comme *ce qui est nécessaire pour mener une vie normale ou est considéré comme tel et est obtenu par de l'argent. (Sources : Dicos encarta, 2009)* Pour les classifier, on distingue les besoins opérationnels qui sont essentiels quotidiennement ou mensuellement. En outre, il existe des besoins qui sont nécessaires, mais qui peuvent attendre une période relativement plus longue (une ou plusieurs années) et qui requièrent une analyse plus profonde qu'on appellera les besoins stratégiques.

Le tableau suivant donne quelques exemples de besoins des différents agents économiques3 sur le plan national :

---

3   Un autre agent qu'on aurait pu considérer, « le reste du monde », fait référence à l'ensemble des agents économiques étrangers avec lesquels les agents économiques nationaux

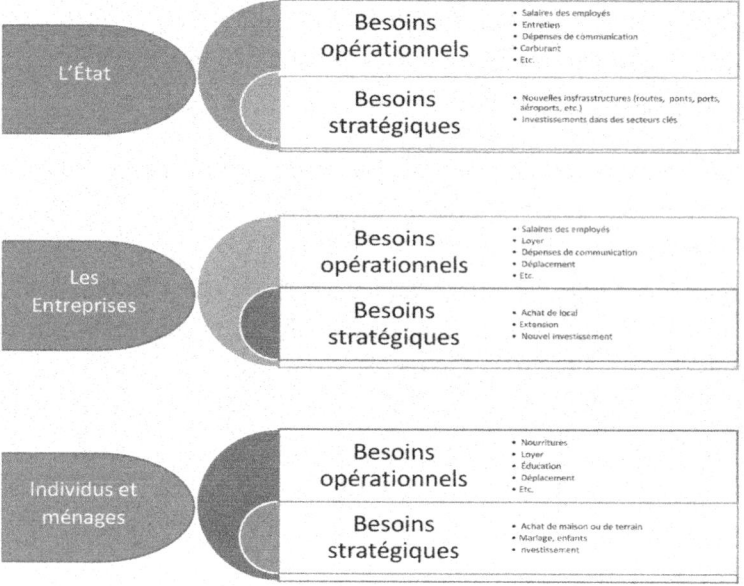

Si tous les agents ont des besoins, le plus important sera de déterminer pour chacun les décisions les mieux adaptées. Dans le cas des besoins opérationnels, on doit prendre des décisions instantanées ou sur-le-champ tandis qu'en ce qui a trait aux besoins stratégiques, les décisions doivent être mûrement réfléchies, car elles auront des conséquences sur un avenir relativement lointain. En vue de prendre les meilleures décisions, il est nécessaire de maitriser les besoins qui peuvent survenir dans le futur. L'un des instruments les plus appropriés demeure le budget à partir duquel on prévoit le niveau des recettes et des dépenses. Si les recettes ne sont pas suffisantes, on peut développer des stratégies pour les augmenter ou si les dépenses sont trop élevées on peut envisager de les réduire. Ces points seront détaillés plus loin.

Ce qu'il faut retenir dans ce chapitre est :

« En tant que document prévisionnel, le budget est élaboré avant son application dans le but d'anticiper le futur. »

---

entretiennent des relations économiques, financières et commerciales.

CHAPITRE 5

PRISE EN COMPTE DES SITUATIONS ANTÉCÉDENTES DANS LA PRÉPARATION DU BUDGET

Pour étudier le budget dans le temps, il faut se rappeler que son application se situe dans le futur. Mais la grande question à se poser est : comment faire pour anticiper l'avenir ? Cette situation complexe me fait venir à l'esprit un film dont le titre est, selon moi, l'un des plus énigmatiques qui a été imaginé : *Back to the future* (Retour dans le futur). Ce film, sorti en 1985, relate l'histoire d'une machine qui a permis de voyager dans le temps. Dans un premier temps, une erreur de manipulation a occasionné un retour en 1955 de Marty, un adolescent. À cette époque, sa sœur, son frère et lui n'étaient pas encore nés. Il a rencontré son père et sa mère qui étaient eux aussi des adolescents et qui n'étaient pas encore ensemble. À un certain moment, les sentiments de l'adolescente, qui représentait sa mère, commençaient à modifier le futur, car il découvrait que peu à peu, sa sœur, son frère et lui disparaissaient d'une photo de famille qu'il détenait. Tout ce qu'il devait faire, c'était de permettre à son père de nouer des relations avec cette adolescente pour éviter de modifier le cours de l'histoire. Malgré des difficultés rencontrées, il a réussi à les unir avec l'aide du fabricant de la machine et il a pu se projeter à nouveau dans le présent. À la fin, comme il fréquentait une adolescente, l'inventeur l'a proposé de faire un nouveau voyage, cette fois-ci dans le futur, afin de faire quelque chose pour les enfants à qui ils vont donner naissance. Ensuite, on a eu « Back to the future 2, 3 […] ».

Certains se demandent quel est le sens de cette histoire. Comment l'imagination des hommes peut-elle arriver jusque-là ? Je comprends toutes vos préoccupations, car elles ont été aussi miennes, mais la leçon qu'on peut en tirer est fondamentale. En affrontant votre présent, vous vous imaginez souvent que vous devriez agir différemment dans votre passé en vue de le rendre meilleur et de même, en connaissant votre futur vous pouvez prendre des décisions plus adaptées dans le présent pour éviter de faire face à des situations difficiles.

Si le film que j'ai résumé appartient à la science-fiction du monde cinématographique, le budget quant à lui représente un instrument réel qui traduit un voyage financier dans le temps dans le but de donner le meilleur résultat en appréhendant l'avenir et en se servant des expériences passées.

Si je me contentais du chapitre précédent, l'élaboration du budget paraitrait un document assez subjectif sans aucun fondement scientifique ; de ce fait, on ne pourrait pas vraiment obtenir des résultats significatifs d'une œuvre basée en grande partie sur l'instinct. En philosophie, on apprend que l'expérience est « un ensemble d'états mentaux par lesquels un sujet conscient acquiert de l'information issue de son environnement » (Source : Dicophilo). Elle peut être aussi l'ensemble de procédures par lequel on teste une hypothèse ou une théorie. Quelle que soit la définition considérée, on retiendra que l'expérience est source de tout savoir-faire et de tout savoir. Donc, puisque le budget rentre dans le cadre d'une démarche rationnelle et qui nécessite un niveau de savoir-faire sur le plan scientifique, on ne peut passer outre des prescrits de l'expérience.

La question la plus pratique que je peux trouver dans une conférence sur le budget est d'où est ce qu'on puise les informations qui sont présentées dans le document de budget. La réponse est simple, ce serait à partir des expériences qui ont marqué les périodes précédentes. Toutes les périodes ne sont pas les mêmes, mais elles peuvent nous aider à anticiper en fonction de ce qui les caractérise spécifiquement. En vue de mieux utiliser les informations qu'on détient, qu'elles soient justifiées ou non, certains principes doivent être maitrisés et appliqués :

- L'utilisation des documentations passées est nécessaire. Ces pièces nous fournissent des informations, même si elles peuvent ne pas être précises, sur certains montants et certaines dates d'échéances. Dans certains cas, il est recommandé de les ajuster dans votre budget en fonction de l'inflation ou autres phénomènes susceptibles de les modifier, mais ces documents resteront les preuves de base qui supportent vos chiffres. Elles sont le plus souvent des bordereaux d'électricité, d'eau potable, des droits de scolarité, des factures, des chèques reçus, des états de vente [...]
- La considération des dépenses doit tenir compte des périodes. Une dépense peut être nécessaire durant une période, mais ne pas l'être durant la précédente ou la suivante. C'est pourquoi, dans l'élaboration du budget, il est important de maitriser les coûts qui sont inhérents aux différentes périodes de l'année. À titre d'exemple, on doit prévoir une augmentation des coûts d'électricité en été, car on utilisera beaucoup plus les climatiseurs à cause de la chaleur. Pour mieux décanter les périodes, il y en a qui sont plus budgétivores et il faut qu'on soit prudent. On peut considérer entre autres les fins d'années, les vacances d'été, la rentrée scolaire [...]
- La prévision des périodes de vaches maigres et des périodes de changement de saisons doit être une préoccupation. Dans la pratique, certains mois dont janvier, avril, mai, octobre, à cause du volume d'activité qui caractérise les périodes qui les précèdent, sont considérés comme des mois d'accalmie. Dans l'élaboration du budget, surtout au niveau de la prévision des recettes, une mauvaise évaluation de la période peut provoquer un très grand écart entre ce qu'on avait projeté et la réalité. Plus loin, on verra quelles peuvent être les retombées d'une telle situation.

Comme il a été démontré dans ce chapitre, l'expérience joue un rôle capital dans l'élaboration du budget. Donc on doit être attentif à tout ce qui peut avoir des impacts sur le prochain budget.

« *On doit conserver les documents ou une copie en
vue de futures utilisations et comprendre les activités
économiques liées à chaque période de l'année.* »

CHAPITRE 6

PRISE EN CHARGE DES BESOINS EN FONCTION DE LEUR DEGRÉ D'IMPORTANCE

Dans le processus d'élaboration du budget, on prend acte des expériences passées en vue de rendre rationnelles les informations qui seront présentées. Ces données seront mises en application dans la période suivante. Malgré cette complexité temporelle, un élément reste fondamental et déterminant, c'est l'identification des besoins, car c'est à partir de ces derniers que les postes budgétaires nécessaires vont être constitués. Mais, à ce stade, la principale préoccupation est de savoir quelles sont les dépenses qui sont prioritaires.

Choisir ses priorités représente un exercice capital pour toute personne physique ou morale qui désire élaborer son budget périodique. D'ailleurs dans le domaine politique, on dit souvent que le budget reflète la vision réelle du gouvernement en exercice. C'est-à-dire, il ne faut pas se fier à ce qu'ils vendent comme rêves, mais attendent la préparation du budget pour identifier les postes qui auront les meilleures allocations. Il en est de même pour des responsables d'entreprises qui veulent renforcer un aspect ou plusieurs autres aspects de l'institution. Il faut pour cela prévoir une plus importante allocation parce que le budget traduit les objectifs à court, moyen et long terme de la haute direction.

En ce qui a trait aux individus ou aux foyers, la non-application de ce principe constitue l'une des causes principales de leur fragilité financière ou des graves difficultés qui ruinent leur vie. L'effet dévastateur de cette faiblesse peut atteindre même des individus dont les recettes mensuelles sont relativement élevées. Dans ce chapitre, je vais prendre comme exemple l'histoire d'un ami, que j'appellerais Jean, pour éviter de citer son nom, afin de montrer l'importance de se fixer des objectifs. Quand Jean a commencé à travailler, il y a plus de dix (10) ans, son salaire brut mensuel était moins de quinze mille (15 000,00) gourdes. Il m'a expliqué qu'il a pu répondre à ses besoins convenablement et il en trouvait même pour ses sorties en fin de semaine, car il était un passionné des sorties nocturnes. Il ne se souciait pas d'épargner, car pour lui on n'a qu'une vie à vivre. Grâce à ses contacts, il a pu trouver un nouvel emploi un (1) an plus tard qui l'a permis de gagner un salaire mensuel moyen de soixante-cinq milles (65 000,00) gourdes. Avec cette augmentation de salaire, il réalisa qu'il ne pouvait plus continuer à vivre dans la zone et qu'il devrait acheter une voiture d'occasion. Il a intégré un consortium (communément appelé sol en Haïti) pour pouvoir couvrir ses nouvelles dépenses. Il continuait à fréquenter chaque fin de semaine les boites de nuit et dépensait une grande partie en alcool de ce qui lui revenait après le paiement des consortiums. Il était toujours incapable de constituer un fonds d'épargne même après deux (2) ans avec ce nouveau salaire. On s'est perdu de vue après qu'il se soit rendu dans le Nord pour travailler dans une organisation non gouvernementale.

Quand on ne se fixe pas des objectifs prioritaires, l'augmentation des recettes n'est pas une condition suffisante pour améliorer sa situation financière, car il est clairement déterminé qu'une augmentation des rentrées de fonds suscite inéluctablement une augmentation des sorties de fonds qui sont dans certains cas non proportionnelles. Ce phénomène peut être expliqué par le caractère insatiable des besoins de l'être humain. C'est d'ailleurs l'une des raisons qui motivent les économistes à dire que les besoins sont illimités. On ignore certains besoins quand les moyens ne sont pas suffisants, mais on attend toujours l'occasion de les satisfaire qu'ils soient fondamentaux ou non.

Après quatre (4) ans, j'ai rencontré Jean à Port-au-Prince. Étant donné que ça fait longtemps qu'on ne s'est pas vu, on était très heureux de partager les événements qui ont marqué ce moment de silence. Il m'a expliqué qu'il perdait son temps dans son ancien emploi, car son salaire a presque triplé en quatre (ans). Toutefois, il ne parvenait toujours pas à épargner le moindre centime, car il s'est marié et a eu un garçon et une fille. Il n'a pas non plus abandonné ses anciennes pratiques.

Bon nombre d'entre vous se trouvent dans la même situation que mon ami, malgré des augmentations de vos revenus, vous n'arrivez pas à vous défaire de certaines dépenses. Je vous le redis, la première cause demeure le fait de ne pas prioriser les besoins essentiels. Souvent, on donne beaucoup d'importances à des dépenses futiles et quand on se rend compte que des dépenses nécessaires ne sont pas couvertes, on est obligé de faire des sacrifices énormes. Si ce n'est pas votre cas, vous n'avez jamais rencontré quelqu'un qui a acheté un téléphone qui coûte six cents (600,00) dollars américains, mais qui peine à trouver de l'argent pour le recharger ? Vous n'avez jamais rencontré quelqu'un qui a dépensé des milliers de dollars dans une cérémonie et une (1) semaine après il se trouve dans une situation où cent (100,00) dollars auraient pu l'aider à s'en sortir. Vous n'avez jamais rencontré quelqu'un qui a dépensé tous ses avoirs dans une soirée avec ses amis et qui a du mal à trouver quelque chose à manger le lendemain. Vous n'avez jamais rencontré quelqu'un qui a dépensé tout ce qu'il avait pour plaire à une fille ou un garçon et qui ne se souciait même pas de son éducation. Vous n'avez jamais rencontré quelqu'un qui a tout dépensé dans des jeux de hasard et qui subit des humiliations, car il est obligé de se loger chez un ami. Vous n'avez jamais rencontré quelqu'un qui a gaspillé tout ce qu'il avait dans sa jeunesse, et dans sa vieillesse il est obligé de quémander pour survivre.

Ce questionnement pourrait être interminable, car on connait tous des gens qui vivent dans l'insuffisance malgré leur niveau de revenu adéquat.

Étant donné que les choix, les décisions, les motivations et les comportements sont guidés par les besoins, il est important d'effleurer les besoins fondamentaux de l'être humain suivant la pyramide de Maslow. Mais avant, d'y arriver, on va poser comme principe : la priorité de l'autopaiement.

Payez-vous en premier.

La première fois que j'ai pensé à ce principe, je n'avais pas encore lu la forme financière de Chris Brady et Orrin Woodward (2014). Un client m'avait consulté en vue de lui préparer des états financiers qu'il devrait faire signer par un comptable agréé avant de les déposer à la direction générale des impôts (DGI). C'est un commerçant dont les chiffres d'affaires mensuels avoisinent les cinq millions (5 000 000,00) de gourdes. Après les discussions initiales, je lui ai dit que l'une des premières tâches qu'on aura à accomplir est de constituer les comptes et de leur attribuer les montants équivalents. Quand je suis arrivé au poste : salaire, je lui ai questionné sur ce qu'il perçoit mensuellement en tant que responsable général comme il y passe toute sa journée. Il avoue ne jamais penser à des choses pareilles. Chaque fois qu'il a besoin de quelque chose, il va à la caisse et prélève le montant nécessaire. Ceci m'avait vraiment surpris.

Ce qui avait le plus attiré mon attention, c'était la taille de son entreprise. Donc je me suis dit que si à ce niveau, mon client ne savait pas qu'il fallait se fixer un salaire mensuel, qu'en était-il des entreprises de plus petite taille ? Je lui ai expliqué que la première dépense qu'il devait prévoir, c'était son salaire, car cette rubrique avait une importance capitale pour la survie de son entreprise en termes de motivation. Il a acquiescé sans trop de débats.

Il est à signaler que l'autopaiement est conforme à l'un des piliers de la comptabilité : le postulat de l'entité distincte. En outre, l'autopaiement est toujours conforme à la notion du coût d'opportunité, concept cher aux économistes. Le fait de mettre son service à la disposition de l'entreprise prive l'entrepreneur d'allouer son temps à une activité génératrice de revenus (bien entendu, la meilleure alternative possible).

Cette expérience m'a profondément marqué et en tant que consultant en entrepreneuriat (spécialement petites et moyennes entreprises). Je me rassure toujours que mes clients fixent leur salaire avant tout dans la préparation des états financiers de leur entreprise. Mais, je n'avais jamais imaginé que ceci avait autant d'importances dans la finance personnelle jusqu'à ce que je fasse connaissance des quarante-sept (47) principes de la forme financière des auteurs précités.

Le premier principe qu'ils dictent peut se lire ainsi « *Ce n'est pas ce que vous gagnez, mais ce que vous conservez qui détermine votre succès financier. Payez-vous en premier et épargnez ce que vous vous payez.* » Ceci a été pour moi l'un des meilleurs conseils qu'on puisse donner à quelqu'un qui décide de révolutionner sa vie financière. Sûrement, vous vous demandez si vous êtes salariés comment cela serait possible puisque c'est le patron qui vous paie. La réponse est claire et simple, vous devriez apprendre à être votre propre patron. Quel que soit le montant que vous percevez comme salaire, vous consacrerez toujours une partie à votre activité préférée.

Prenez une (1) minute pour penser à votre activité préférée et pensez au montant qu'elle t'a coûté le mois précédent...

À partir de ceci, si vous voulez changer réellement votre situation financière, vous devriez accepter de faire de votre paie la priorité des priorités. Dans la pratique, c'est très facile. Le montant total que vous prévoyez comme recette servira de base et vous allez fixer un pourcentage que vous déduirez chaque fois que vous recevrez votre salaire.

À *titre d'exemple, imaginez que vous avez un salaire de dix milles (10 000,00) gourdes et que vous évaluez votre paie prioritaire* à 10 % :

$$10 \text{ x } 10\,000,00/100 = 1\,000,00 \text{ gourdes}$$

L'interprétation finale est que vous allez, avant toute chose, prélever de ce montant mille (1 000,00) gourdes chaque mois et le conserver sur un compte spécial ouvert à cet effet. Je dois signaler à votre attention que le choix du ratio doit être fait en fonction du niveau que vous pouvez supporter. Cela peut atteindre jusqu'à cinquante (50) ou soixante (60) pour cent. Ce montant ne représente pas un fonds d'urgence ou d'imprévu, on verra son importance un peu plus loin dans le chapitre 13.

Avant de passer aux besoins fondamentaux de l'être humain, je vais vous chuchoter un secret que vous devriez conserver pour vous, votre famille et vos amis :

Si vous avez des stratégies pour vivre avec votre salaire actuel, vous pourrez vivre avec ce salaire déduit d'au moins 10 %...

Une fois que vous aurez maitrisé le premier principe qui est la priorité de l'autorémunération, on peut passer à un point qui a toute son importance dans ce chapitre. C'est la théorie des besoins fondamentaux de l'être humain à partir de la pyramide de Maslow.

Abraham Harold Maslow est né le 1er avril 1908, à Brooklyn, aux États-Unis d'Amérique. Il a obtenu une licence en psychologie à l'Université de Wisconsin Madison en 1930. Il a reçu le prix : «Humaniste de l'année» par American Humanist Association en 1967. Il est mort le 8 juin 1970 en Californie à Menlo Park. Son œuvre phare fut la représentation pyramidale de la hiérarchie des besoins qui est une théorie de motivation élaborée à partir des observations réalisées dans les années 1940. À partir de leur importance dans la vie de l'être humain, il a classifié les principaux besoins de bas en haut dans un schéma en forme de pyramide. Il contient contenant cinq (5) groupes différents :

1. Besoins physiologiques : Ce sont les besoins qui sont nécessaires à la survie d'un être humain. Ils sont obligatoires, car ils sont indispensables et sont reliés au fonctionnement du corps humain. On peut citer comme exemples : la faim, la soif, la respiration, le sommeil, etc.

2. Besoins de sécurité : Ils sont ceux qui nous poussent à nous protéger contre les agressions qui peuvent être d'ordre physique, psychologique et économique. Il faut qu'on parvienne à se sentir en sécurité et maitriser les situations qui peuvent survenir. Ils peuvent aussi se référer à la sécurité de l'emploi, des revenus ou

ressources, à la stabilité familiale, à la santé. Ils se résument dans un environnement stable et prévisible, sans anxiété ni crise.

3. Besoins d'appartenance et d'amour : Les besoins qui nous poussent non seulement à nous sentir aimer par les autres, mais aussi à nous sentir accepter et appartenir à un groupe. Ces besoins sont dus à une peur de la solitude naissante et de ce fait l'être humain cherche un statut en appartenant à un groupe.

4. Besoins d'estime : En tant qu'être humain, on a ce besoin de se sentir utile et d'avoir de la valeur. On peut aussi parler du besoin de se faire respecter et d'être capable d'influencer les autres. Ils se résument dans le respect de soi, la reconnaissance et l'appréciation des autres.

5. Besoins d'accomplissement de soi ou d'autoréalisation : Ce sont ceux qui ont un rapport direct avec le développement des connaissances. C'est à partir de là qu'on naisse les besoins de révéler son propre potentiel créateur où l'être humain cherche à s'accomplir en essayant de résoudre des problèmes complexes. (Il a un vif besoin de communiquer).

Le débat sur la scientificité de cette représentation tend de jour en jour à la désapprouver à cause de certaines limites qui la caractérisent. Toutefois, ce modèle de base est toujours utilisé et appliqué à des disciplines bien spécifiques telles que l'entrepreneuriat, le marketing et le développement personnel. Tout individu qui désire produire des changements dans leur façon de vivre doit au moins maitriser ce que représentent les besoins fondamentaux de l'être humain.

Pour bien élaborer un budget, l'une des premières tâches, est, comme on l'avait signalé, l'identification des besoins. Il existe ceux qui sont prioritaires, ceux qui sont nécessaires à un deuxième degré, à un troisième degré [...]. Une fois qu'on a fini de les classer, on n'a qu'à considérer chaque besoin en fonction de son degré d'importance, c'est-à-dire, à la limite des recettes, déterminer ceux qui sont obligatoires pour la période et ceux qui peuvent être rejetés ou reconsidérés. Les termes rejet ou reconsidération sont empruntés du langage micro-financier et qui indiquent si un prêt mérite d'être rejeté totalement ou si l'on peut octroyer un autre montant. Donc, il faut voir si, en fonction des recettes, on peut considérer un nouveau montant ou l'on doit rejeter catégoriquement les dépenses qui ne sont pas nécessaires pour la période donnée.

Au-delà de tout ce qu'on a vu dans ce chapitre, il est important de retenir ceci :

« On ne parviendra pas à créer ce déclic, tant important dans la nouvelle voie qu'on cherche si l'on continue à fuir cette réalité selon laquelle les besoins physiologiques sont les plus nécessaires pour assurer notre survie. Ensuite viennent les autres. »

CHAPITRE 7

APPROCHE PESSIMISTE DANS LA PRÉVISION DES RECETTES

Quand dans un cours de budgétisation, on avait fait mention de l'approche pessimiste des recettes pour la première fois, j'avais pris du temps pour percer la réalité et comprendre le bien-fondé d'une telle approche, car j'étais plus jeune et je voulais me focaliser sur ce qui est positif. Mais celle-ci avait toute sa raison d'être et on la verra dans ce chapitre.

L'optimisme consiste à s'attendre à ce que les choses arrivent exactement comme souhaité dans le meilleur des cas. Tandis que son opposé, le pessimisme, reflète le caractère de quelqu'un qui n'a pas trop confiance dans ses souhaits ou ceux des autres à cause d'un manque de garantie. Une illustration qu'on utilise le plus souvent pour expliquer ces deux concepts dans leur application est un verre qui est à moitié vide ou moitié rempli :

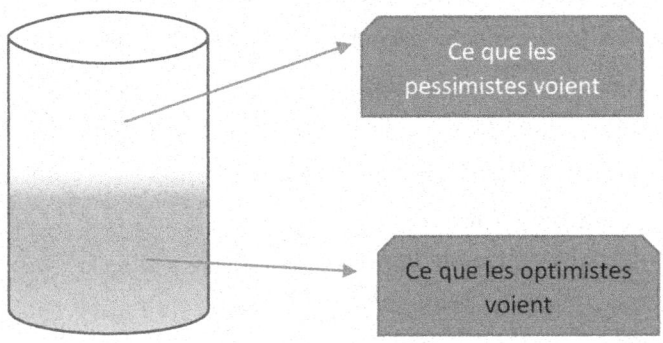

Cette illustration tend à démontrer qu'une chose (l'optimisme par exemple) et son contraire (le pessimisme) peuvent toujours être reliés ensemble d'un seul regard au point de former un tout. Dans l'illustration ci-dessus, pour tester sa façon de voir les choses, il faut se poser la question sur ce qu'on perçoit : le verre est-il à moitié vide ou à moitié plein ? Comme je l'ai signalé, le pessimiste dira qu'il est à moitié vide et l'optimiste, lui, verra l'eau qui se trouve dans le verre à moitié. On peut dire que le pessimiste s'attache au vide ou à ce qui n'est pas. De même que le pessimiste, l'optimiste ne voit qu'un seul côté de la médaille. Il regarde le bon côté et ne cherche pas à contempler en même temps le revers.

J'ai lu un article sur le site web « **dynamique-mag.com** » intitulé « Optimiste ou pessimiste : qui sont les meilleurs leaders ? ». La conclusion avait attiré toute mon attention. Selon l'article, « les *deux profils d'entrepreneurs ont chacun de vilains défauts et néanmoins d'intéressantes qualités.* » Celui qui a peur du futur de son entreprise et qui met tout en œuvre dès aujourd'hui pour consolider sérieusement et avec rigueur l'activité économique de son entreprise représente le comportement du pessimiste. Pour l'auteur de l'article, il n'y a pas de panique, car cette attitude ne peut qu'être bénéfique pour sa réussite. Celui qui croit que « *le futur est forcément un apporteur de bonnes nouvelles et qui fait entièrement confiance à l'avenir* » est le profil d'un entrepreneur optimiste. Il lui conseille de continuer à gérer au mieux le présent de l'entreprise pour pouvoir mieux accueillir le brillant futur qui lui est promis.

Une autre référence qui peut vous aider à mieux comprendre la question du pessimisme est un ouvrage de Julie Norem (2015) qui s'intitule : **d**écouvrez le pouvoir positif du pessimisme. Après avoir vanté les bienfaits de l'optimisme, l'auteure de la préface, répond négativement sur la déduction rapide et souvent trop facile à savoir l'optimisme est une bonne chose et le pessimisme est une mauvaise chose. Elle utilise le proverbe traditionnel « Attends-toi au meilleur, mais prépare-toi au pire » pour justifier le bon côté du pessimisme défensif. Elle avoue, toujours dans la préface, que « *la recherche montre en dernière instance que les résultats des pessimistes sont aussi bons que ceux* *des optimistes et qu'essayer de les rendre optimistes détériore en réalité leurs performances. »*

Si vous voulez approfondir vos connaissances sur ces concepts, je vous conseille d'utiliser les documents que j'ai cités et vous en serez mieux imbus. Nous allons revenir à ce qui nous concerne le plus qui est l'approche pessimiste des recettes dans l'élaboration du budget.

À partir de tout ce qu'on vient de voir, on commence à comprendre que dans la théorie, l'approche pessimiste n'est pas si mauvaise que ça. Mais dans la pratique, comment est-ce qu'on conçoit ce type d'approche ?

On doit se rappeler que le budget est un document prévisionnel tel que nous l'avions démontré. Ceci sous-entend que les montants qu'on va y insérer ne seront pas réels, mais ils seront des produits de nos attentes basées sur des documents antérieurs. En ce qui concerne les recettes qui représentent les rentrées de fonds, elles doivent être prévues en fonction de celles qui sont les plus sures que possible ou en fonction d'un pourcentage inférieur aux expériences hormis les nouvelles stratégies qui peuvent les faire croitre.

Nous allons utiliser deux (2) exemples chiffrés pour apporter de meilleures explications :

EXEMPLE 1

Imaginons un gérant d'hôtel qui désire prévoir ses recettes pour la période estivale de l'année en cours. Comparé à cette même période de l'année dernière, le taux d'occupation était de 60 %. (Le taux d'occupation est le pourcentage obtenu en divisant le nombre de chambres louées par le nombre de chambres disponibles à l'hôtel. Considérons dans notre cas que l'hôtel a 40 chambres et une moyenne de 24 est occupée pendant la période => 24/40 = 0,6 ou 60 %.) Évaluons le prix moyen des Chambres par jour à deux milles (2 000,00) gourdes et le nombre de jours moyens de la période est de 90. Nous allons considérer qu'aucune nouvelle stratégie (augmentation du prix moyen des chambres, augmentation du nombre de chambres, nouvelles stratégies de marketing, amélioration au niveau macroéconomique qui auraient pu stimuler la demande en provoquant une hausse, etc.) n'a été prise en vue d'augmenter les recettes.

TOTAL DES RECETTES (été de l'année précédente)

= 24 X 2 000,00 X 90 = 4 320 000,00 gourdes

Conclusions : Suivant l'approche pessimiste, on utilisera un taux d'occupation inférieur soit 50 % par exemple. Donc on va considérer :

La prévision du nombre de chambres louées (été de l'année en cours) : 40 X 0.5 = 20 chambres

TOTAL DES RECETTES PRÉVUES (été de l'année en cours)

= 20 X 2 000,00 X 90 = 3 600 000,00 gourdes

EXEMPLE 2

Nous allons ici prendre en compte les recettes prévisionnelles d'un foyer pour le mois d'août de l'année en cours. Ils disposent de ces informations pour août de l'année précédente et il n'y a pas eu d'augmentation pendant l'année en cours :

Salaire du mari (fonctionnaire publique) = 25 000,00 gourdes

Salaire de la femme (cadre du système bancaire) = 28 000,00 gourdes

Allocation scolaire non annuelle aux fonctionnaires publiques = 20 000,00 gourdes

Réception d'un don non régulier d'un frère de l'étranger = 10 000,00 gourdes

TOTAL DES RECETTES (août de l'année précédente)

= 25 000,00 + 28 000,00 + 20 000,00 + 10 000,00

= 83 000,00 gourdes

Conclusion : L'approche pessimiste recommande de n'utiliser que les montants qui offrent une certaine garantie. Puisque ni l'allocation scolaire ni la réception du don ne constituent pas des recettes sures, on ne les utilisera pas dans la prévision budgétaire du mois d'août 2019. De ce fait :

TOTAL DES RECETTES PRÉVUES (août 2019) = 25 000,00 + 28 000,00

= 53 000,00 gourdes

Le pessimisme de la prévision des recettes a toute son importance dans la quête d'un document qui se rapproche de la réalité. Toutefois, dans le meilleur des cas, il pourrait refléter un niveau de recette moindre que la réalité, ce qui pourrait occasionner un surplus. Un niveau plus élevé des recettes dans le budget peut avoir des conséquences néfastes sur la gestion des dépenses, car il ne faut pas oublier que la prévision des dépenses est étroitement liée à ce qu'on prévoit de rentrer. De manière plus détaillée, si dans la réalité, on se rend compte que les recettes ont été surévaluées dans le budget, ce qui va entrainer une surévaluation des dépenses et dans le cas où les dépenses seraient déjà engagées réellement, on se rendra à l'évidence qu'on a dépensé plus que ce qu'on disposait pendant la période. C'est comme si vous avez évalué vos recettes à cinq milles (5 000,00) gourdes et vos dépenses au même montant. Mais dans la réalité, les recettes sont de quatre mille (4 000,00) gourdes, ceci va provoquer une différence de mille (1 000,00) gourdes qui peut représenter un manque pour la période. On verra le traitement de ces différences budgétaires au chapitre 9.

> *« Il est très important de pouvoir évaluer le niveau*
> *de garantie qui caractérise chaque catégorie*
> *de recettes qu'on aura à prévoir… »*

CHAPITRE 8

ÉQUILIBRE BUDGÉTAIRE

Si je vous demande quelle était la première fois que vous aviez entendu parler du mot équilibre, certains d'entre vous ne s'en rappellent même pas. Pourtant, dans la pratique, c'est un concept avec lequel vous avez fait connaissance dès votre plus jeune âge. Quand vous étiez bébés, garder son équilibre a été une étape cruciale avant de pouvoir marcher convenablement. L'équilibre, dans ce sens, suppose que le bébé parvienne à se tenir debout pendant quelques secondes, tout en évitant de balancer soit à gauche ou à droite, soit en avant ou en arrière. Plus tard, en physique, on apprendra les techniques qui permettent d'atteindre l'équilibre en utilisant les différents types de balances. Par exemple, dans le cas où les deux (2) masses seraient égales, on n'a qu'à utiliser la même distance par rapport au pivot, mais si elles sont différentes, on fera appel à la formule : (m1 X d1 = m2 X d2). Dans les premières classes d'économie, l'équilibre traduit un terrain d'entente entre le vendeur (offreur) et l'acheteur (demandeur) d'un bien ou d'un service.

Plus tard, dans les cours d'économie plus avancés, on comprendra que cette définition ne peut être appliquée qu'à l'étude du marché. Ainsi, a vu le jour la notion d'équilibre de Nash. Une situation où aucune des parties (aucun joueur) n'a intérêt à dévier de façon unilatérale. C'est-à-dire sans se soucier de ce que fait l'autre.

La notion d'équilibre est applicable à plusieurs disciplines scientifiques comme la physique, la chimie, l'économie, les maths […]. Elle est aussi utilisée pour caractériser certaines situations de la vie courante. Par exemple, on l'utilise pour traduire la position de quelqu'un qui sait contrebalancer les situations avant d'émettre une opinion, un menu qui contient une liste de plats variés est considéré comme un menu équilibré. Le mot équilibre remplace parfois convenablement le mot stabilité comme dans les expressions : une famille équilibrée, l'équilibre social et un équilibre fragile.

Mais alors, qu'est-ce qu'on entend par équilibre du budget ?

L'équilibre budgétaire, pour n'importe quelle entité, sous-entend de manière générale que le total des recettes est égal au total des dépenses c'est-à-dire que le montant des rentrées de fonds est suffisant pour couvrir les dépenses prévues sans qu'il y ait aucun fonds en plus. Si pour le budget de l'État, la recherche de cet équilibre représente un objectif clé à atteindre, pour les entreprises, ceci constitue ce qu'on appelle le point mort à partir duquel les responsables doivent travailler pour maximiser leurs profits et ils ne doivent pas aller en dessous pour éviter d'épuiser les fonds propres qu'ils ont investis. De manière quantitative, on peut le traduire ainsi :

TOTAL DES RECETTES – TOTAL DES DÉPENSES = 0

En ce qui a trait à la finance personnelle ou du foyer, l'équilibre budgétaire constitue la première étape à atteindre pour ceux qui n'avaient aucune organisation dans leurs rentrées et dans leurs sorties de fonds, en d'autres termes ceux qui dépensaient beaucoup plus que ce qu'ils rentraient. Beaucoup de salariés tombent dans le piège du surendettement par manque de connaissance du résultat de leurs balances budgétaires. Ils utilisent toute sorte de stratégies (achat à crédit, utilisation de cartes de crédit, prêts sur gage ou auprès des usuriers, etc.) sans se rendre compte que leurs revenus actuels ne leur permettent pas d'effectuer les débours requis par ces transactions.

J'avais un ami des Cayes qui était dans les affaires avec sa femme. Le mari a hérité des installations commerciales de ses parents qui avaient décidé de prendre leur retraite. En tant que jeunes, les deux étaient fougueux et ils voulaient réussir. Au début, ils mettaient tout en œuvre en vue de faire fructifier l'entreprise à tel point qu'ils étaient en mesure d'introduire de nouveaux articles, car ils commençaient à gagner la confiance des grossistes de Port-au-Prince. Cela allait très bien, leurs clientèles s'agrandissaient, ils pouvaient augmenter leurs stocks, les institutions de crédit ont revu à la hausse leur limite de prêt, etc. Le commerce est ainsi. Quand tout marche bien, vous allez vous sentir dans une situation de confort où tout joue en votre faveur, mais il y a une condition, il faut être responsable.

Étant donné qu'ils commençaient à évoluer et qu'ils avaient accès à une limite de crédit plus élevée, ils ont décidé d'effectuer un emprunt d'un montant élevé dans le but de financer l'acquisition d'un terrain et la construction d'une maison. Comme ils n'avaient pas effectué une étude en profondeur du coût de leur projet, ce qu'ils avaient emprunté pouvait à peine achever le gros œuvre du rez-de-chaussée. Donc ils se trouvaient dans une situation où il fallait consentir de nouveaux efforts non seulement pour entreprendre les travaux de finition, mais aussi pour payer les versements mensuels du prêt. Leurs situations économiques commençaient à se dégrader, ils n'arrivaient plus à commander les mêmes quantités de marchandises, ce qui avait un impact direct sur leurs chiffres d'affaires ; ils ont accumulé des retards dans les paiements des mensualités et les grossistes se plaignaient du non-respect des échéanciers. Dans un laps de temps, ils étaient au bord de la faillite et étaient obligés d'immigrer dans un pays étranger pour éviter des poursuites judiciaires. Donc aussi vite que les bonnes décisions puissent conduire vers la réussite, les mauvaises sont capables de vous faire vivre les pires moments en vous entrainant au bord du gouffre.

Cette situation était préoccupante parce qu'ils étaient dans la bonne direction ; ils auraient pu être des modèles de jeunes entrepreneurs s'ils n'avaient pas pris cette regrettable décision. La leçon la plus fondamentale qu'on peut tirer de leurs expériences est qu'on doit toujours s'assurer au moins de l'équilibre budgétaire de son foyer, car un manque peut avoir des répercussions néfastes sur votre environnement (votre famille, votre entreprise) et peut détruire votre crédibilité que vous avez passé de longues années à construire. Vos décisions financières doivent être analysées en profondeur en termes d'impact sur votre balance budgétaire, car certaines dépenses (telles que les intérêts additionnés des montants du capital à rembourser, appelés service de la dette) constituent souvent les causes des échecs financiers.

Avant de passer à un autre chapitre, vous devez toujours garder à l'esprit que :

« La quête de l'équilibre budgétaire constitue le premier pas qui vous conduira vers la stabilité financière que vous désirez... »

CHAPITRE 9

GESTION DES DIFFÉRENCES BUDGÉTAIRES

Si je devais reprendre les derniers mots du chapitre précédent, je pourrais dire : recherchez d'abord l'équilibre du budget afin de commencer à voir le bout du tunnel. Toutefois, on pourrait se demander : est-ce facile d'atteindre cet équilibre ? Si le niveau des recettes est différent de celui des dépenses, quels sont les cas de figure possibles ? Comment traiter ces différents cas de figure ? L'équilibre budgétaire représente-t-il une finalité en soi ?

On va arrêter ici cette série de questions pour apporter, à la lumière des expériences vécues et des connaissances acquises, quelques éléments de réponse.

Pour le bébé qui décide de se tenir debout, il aurait souhaité être capable, d'un seul élan parvenir à son objectif. Surtout quand il regarde les ainés marcher, il ne comprend pas ce qui l'empêche de faire la même chose. Si l'on continue à se mettre dans sa peau, il se pose sûrement la question « qu'est-ce que je ne peux pas faire ? Cela semble être si facile… » Mais tout va changer quand il commencera par poser des actions concrètes, il se rendra à l'évidence que l'exercice n'était pas aussi simple qu'il l'imaginait. Il faut consentir des sacrifices et faire preuve de persévérance. Dans un premier temps, il apprend à se déplacer à quatre pattes, ensuite, il se met à s'accrocher à tout ce qu'il trouve (la couverture du lit, les pieds de la table, le pantalon de la personne la plus proche, etc.) pour se tenir debout avant qu'il essaie de se lever sans rien tenir et réussir enfin l'effort titanesque de rester debout sans tomber. Avant de parvenir à ce stade, l'expérience n'est pas toujours agréable, car il tombe assez souvent, ce qui peut même lui causer des blessures. Le plus important est que son travail sera récompensé et que sa satisfaction sera exprimée par une joie incommensurable.

L'expérience est la même pour celui qui décide de mettre de l'ordre dans sa finance personnelle. Les mêmes sacrifices (tels que garder un niveau de revenu stable ou apprendre à diversifier les sources de revenus, éliminer les dépenses inutiles en changeant certaines habitudes, respecter avec rigueur les choix effectués, prendre congé de certaines de vos connaissances, etc.) sont nécessaires. Tout ceci requiert un certain temps avant de pouvoir les appliquer. Mais l'essentiel est que vous vous dites qu'il faut changer quelque chose et que vous entamez le processus en élaborant votre premier budget.

C'est à partir de cette étape pratique que vous allez vous rendre compte que pour atteindre l'équilibre budgétaire, des efforts doivent être consentis afin de trouver des stratégies pour ramener le montant total des dépenses au montant total des recettes. Celui-ci étant inférieur à celui-là, cette relation dénote un manque. Mais, pour une infime partie de vous, l'inverse peut être aussi vrai (d'où la réalisation d'un surplus). Donc, pour un budget non équilibré, deux (2) cas de figure peuvent se présenter :

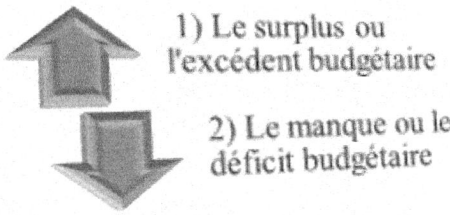

1) Le surplus ou l'excédent budgétaire

2) Le manque ou le déficit budgétaire

Le surplus budgétaire

Le surplus budgétaire est la situation qui se présente quand les revenus sont supérieurs au montant total des dépenses. Mathématiquement, on le traduit par la relation :

TOTAL DES RECETTES – TOTAL DES DÉPENSES > 0

Dans ce cas, le résultat aura le signe algébrique positif, car le premier terme est supérieur au second. Ce résultat ne traduit pas automatiquement une gestion efficace des recettes, car en valeur absolue, les recettes peuvent suffisamment être élevées pour couvrir les dépenses, mais elles auraient pu être mieux gérées. Tout de même, pour un foyer qui a fait des efforts pour sortir du côté négatif et atteindre l'équilibre, ceci constitue un nouvel objectif. L'amélioration mensuelle de ce résultat, c'est-à-dire une augmentation chaque mois de ce montant, doit faire partie d'un plan stratégique. Ce plan stratégique devrait être l'un des objectifs de tous ceux qui cherchent à maintenir cette stabilité financière à laquelle ils sont parvenus, car il y a un principe fondamental en finance qui rappelle qu'un dollar aujourd'hui ne vaut pas un dollar le lendemain pour de maintes raisons. Donc pour garder cette même stabilité vous devriez maximiser au fur et à mesure votre surplus budgétaire par une gestion adéquate qui passe nécessairement par une utilisation efficiente du montant qui n'est pas dépensé dans le budget en considérant que les dépenses ont été engagées dans ce même objectif.

Le surplus peut être utilisé dans plusieurs rubriques en fonction de celles qui offrent le plus de garanties d'optimisation. C'est pourquoi il faut faire des analyses profondes afin de faire le meilleur choix. Je vous propose ici trois scénarii d'utilisation possible :

- L'épargne
- L'augmentation des investissements
- La couverture de certaines dépenses non prises en compte.

L'épargne

La première possibilité qui sera présentée est l'épargne. Beaucoup de définitions sont applicables à ce concept, mais on retiendra pour le besoin de ce chapitre que l'épargne représente la partie du revenu qui n'est pas dépensée dans des biens ou services de consommation et qui sera conservée pour des besoins futurs sur un compte détenu dans une institution financière (par exemple : banques, caisses populaires […]). Cette dernière divise les comptes d'épargne en plusieurs catégories :

✓ L'épargne à vue : C'est un type de compte que vous détenez dans une institution financière (Banque ou institution de microfinance) sur lequel vous pouvez effectuer des transactions (dépôts ou retraits) quotidiennement ou chaque fois que vous le désirez.

✓ L'épargne spécialisée : C'est un type de compte à vue qui en fonction de la différence de certaines modalités (comme le taux d'intérêt octroyé, le montant minimum à conserver sur le compte) se démarque des comptes d'épargne à vue normaux.

✓ L'épargne chèque : Il s'agit d'une autre catégorie de compte à vue dont les retraits s'effectuent à partir d'un carnet de chèques appelé chéquier. Il faut le différencier de ce qu'on appelle le compte courant qui est un autre type de compte bancaire où l'on utilise aussi des chèques pour les retraits, mais avec des modalités différentes en termes de taux d'intérêt, de conditions d'admissibilité et de frais de renouvellement des chéquiers qui se présentent le plus souvent sous un autre format. Cependant pour les comptes courants, ils peuvent être à découvert, c'est-à-dire le solde peut-être inférieur à zéro, pour une courte durée.

✓ L'épargne à terme : C'est un produit que les institutions financières offrent à leurs clients qui leur permet de conserver une certaine somme d'argent sur un compte spécial et qui ne sera disponible qu'à l'échéance du contrat qu'ils ont signé. Le taux d'intérêt offert sur ces types de dépôt est beaucoup plus élevé que celui qu'on accorde sur les dépôts à vue et le certificat qu'on délivre habituellement aux clients est considéré comme un titre d'investissement qu'ils détiennent dans l'institution en question.

✓ L'épargne bloquée : Les institutions financières qui donnent des crédits moyennant la disponibilité d'une contrepartie libellée en la même monnaie, ouvrent un compte spécial pour ces emprunteurs dénommé compte d'épargne bloquée. Les modalités de ce compte en termes de pourcentage du prêt, quand on peut l'utiliser pour couvrir les retards ou quel est son rendement périodique dépendent des politiques en vigueur dans l'institution financière.

Ces informations peuvent vous aider à faire de meilleurs choix quand vous aurez à ouvrir un compte d'épargne. Il ne faut pas négliger de demander de clarifier pour vous les conditions spécifiques à chaque type de compte, car elles varient d'une institution à une autre.

Avant de terminer avec l'épargne, je veux vous rappeler que le premier principe du succès financier était d'épargner un pourcentage de vos recettes totales avant même l'élaboration du budget. Donc la balance que vous allez épargner ne doit pas tenir compte de ce pourcentage retenu avant l'élaboration du budget. Il y a des ouvrages qui proposent même de les distinguer en utilisant deux (2) comptes d'épargne.

L'augmentation des investissements

Un autre moyen que vous puissiez prévoir d'utiliser les excédents budgétaires est de les investir dans des projets qui offrent des rendements assez considérables. Pour cela, il faut avoir un minimum de connaissances et d'aptitudes sur les techniques d'investissement.

Dans son premier ouvrage de « Père Riche, Père Pauvre », Robert T. Kiyosaki (2000) considère l'investissement comme étant la science de l'argent générant de l'argent. Pour lui, cela implique des stratégies, des formules et il a souligné qu'investir fait appel à l'hémisphère droit du cerveau, le côté créatif.

Avant de se lancer dans des activités d'investissement, il faut avoir une idée de ces différents aspects :

> ➢ Comment classifier les entreprises :

La classification peut se faire en fonction de la taille de l'entreprise (micro, petite, moyenne ou grande entreprise), en fonction de la localisation de la part de marché (locale, nationale ou multinationale), en fonction de son secteur d'activités (primaire, secondaire ou tertiaire) et en fonction de son statut juridique (individuelle, société de personnes ou société anonyme)

➤ Les études à faire

Pour mieux choisir une entreprise dans laquelle on peut investir, on doit s'assurer au moins de trois (3) facteurs de faisabilité qui peuvent garantir sa pérennité :

1. Faisabilité commerciale, c'est-à-dire, on doit faire une analyse du marché pour savoir si ce que l'on compte offrir pourra s'écouler facilement avec les conditions de marketing qu'on va procéder.
2. Faisabilité technique : c'est celle qui vous permet d'évaluer pour le futur les résultats des machines, des technologies, des procédés à utiliser et de la structure à mettre en place pour faire fonctionner l'entreprise.
3. Faisabilité financière : Elle vous informe sur le coût effectif de votre investissement et vous donne la possibilité d'analyser les différents rendements possibles par période en fonction des prix et des charges d'exploitation qu'on aura à encourir.
4. Faisabilité juridique : Il faut s'assurer que la loi n'interdit pas l'activité dans laquelle vous voulez investir. Autrement dit, il est important de s'informer sur le régime juridique de l'activité en question par le truchement d'un service d'un professionnel du droit.

➤ Les risques liés à votre entreprise

Les risques représentent l'ensemble des obstacles qui peuvent avoir des impacts négatifs sur le fonctionnement de votre activité. Ils peuvent être de divers ordres : technique, commercial, financier, de change ou sociopolitique.

Ce petit résumé était juste pour vous aider à comprendre les différents enjeux théoriques que vous devriez maitriser soit par vous-même ou par l'entremise d'un conseiller qualifié avant de vous lancer dans une activité d'investissement quelconque.

Couverture de dépenses non prises en compte dans le budget

Une troisième utilisation que vous pouvez faire de vos surplus budgétaires est de prendre en compte quelques dépenses considérées comme non prioritaires que vous aviez laissées tomber dans l'élaboration du budget, mais que vous jugez nécessaires à ce stade. Vous vous souvenez de cette partie où l'on avait vu que le choix des dépenses doit être fait par ordre de priorité ? Si les recettes ne nous permettent pas de tout inclure dans le budget, la meilleure stratégie était de choisir celles qui étaient prioritaires, mais dans ce processus d'élimination, il était possible de fermer ses yeux sur une ou plusieurs dépenses qui auraient pu avoir tout leur degré d'importance. Donc si l'on constate qu'après l'élaboration du budget, les excédents peuvent couvrir ces dépenses, on peut y revenir et les inclure. À titre d'exemple, imaginez que vous n'aviez pas pris en compte l'achat d'un ouvrage d'éducation financière ou de développement personnel que vous aviez voulu acquérir, mais vous constatez qu'après l'élaboration du budget, l'insérer ne dérangerait pas trop le niveau des excédents ; donc vous pouvez considérer l'acquisition de celui-ci dans le budget final.

Toutefois, il faut être très prudent pour ne pas se laisser aller, par une simple envie, dans le choix des nouvelles rubriques à insérer. Il est important de bien analyser si ce besoin est véritablement nécessaire pendant cette période ou s'il ne peut pas attendre, car ce n'est pas une obligation d'utiliser le surplus dans de nouvelles dépenses de consommation. D'ailleurs au fur et à mesure que les excédents s'accumulent, vous vous éloignez de la ligne rouge de la crise financière et vous pouvez envisager d'augmenter vos dépenses d'investissements qu'on verra dans le chapitre 13.

Le déficit budgétaire

Le déficit budgétaire est l'expression d'un niveau de dépense qui dépasse le montant total des recettes ou on peut dire que c'est le cas où le total des dépenses est plus élevé que les revenus totaux. Sa relation mathématique se traduit par :

$$\text{TOTAL DES RECETTES} - \text{TOTAL DES DÉPENSES} < 0$$

Dans cette expression, le résultat aura le signe algébrique négatif, car les recettes sont inférieures aux dépenses. Constater un nombre négatif de son budget périodique ne représente pas en somme une fatalité si ces résultats ont tendance à progresser dans le sens d'une augmentation de valeur. Rappelons que l'augmentation d'une valeur négative constitue sa diminution en valeur absolue pour une autre qui est aussi négative. Par exemple, moins dix (- 10) est supérieur à moins vingt (- 20). Comme il a été prescrit pour le surplus budgétaire, l'amélioration de ce résultat doit faire partie d'un plan intégral de stratégie soit pour augmenter les rentrées de fonds soit pour diminuer les sorties de fonds.

Quand vous êtes en présence d'un déficit budgétaire malgré tous les efforts déployés pour au moins atteindre l'équilibre, il ne faut pas s'affoler. L'essentiel est d'analyser en profondeur les différents choix possibles afin de faire celui qui n'entravera pas votre objectif qui consiste en l'amélioration de vos résultats budgétaires. Pour le combler, plusieurs options peuvent être mises sur le tapis :

- Utilisation de l'épargne
- Diminution des dépenses
- Augmentation des revenus
- Dette

Utilisation de l'épargne

Dans des lignes précédentes, on avait abordé les différents produits d'épargne que les institutions financières offrent à leurs clients ou leurs membres. Donc vous comprendrez certainement que les types d'épargnes auxquelles vous aurez facilement accès pour financer vos déficits sont les épargnes à vue ou moyennant un non-renouvellement des épargnes à terme à leur date d'échéance. C'est l'une des raisons pour lesquelles il est très important de bien comprendre le type de compte que l'on ouvre.

Recourir à l'épargne est une possibilité pour couvrir le manque de revenus, mais c'est une décision qui mérite qu'on l'évalue minutieusement pour éviter de porter préjudice à ce capital qu'on essaie de constituer en vue de garantir une meilleure situation financière. Toutefois, prévoir de faire des retraits pour combler le manque constaté dans le budget peut s'avérer la seule option possible.

Diminution des dépenses

L'un des meilleurs choix qu'on puisse faire pour gérer le déficit budgétaire reste et demeure la réduction des dépenses, soit en éliminant certaines qui sont jugées non obligatoires ou en diminuant quelques rubriques qui sont réductibles pendant la période. Pour que les dépenses soient prises en compte à leur juste valeur, ces étapes peuvent servir de canevas pour vous guider :

- Évaluation des besoins prioritaires
- Calcul du montant total des recettes
- Choix des dépenses en fonction des besoins prioritaires
- Élaboration initiale du budget
- Révision des dépenses pour voir celles qui peuvent être ajournées et celles qui peuvent être réduites
- Présentation finale du budget en tenant compte des révisions.

Il faut souligner que ce choix requiert une discipline financière assez rigoureuse pour éliminer ou diminuer considérablement certaines dépenses qui offrent un certain confort, mais qui ne sont pas parmi les plus nécessaires. Je dois attirer votre attention sur un ensemble de dépenses qui entrainent d'autres et sur lesquelles vous devriez réfléchir dans votre révision. Par exemple, si vous comptez faire l'acquisition d'une voiture d'occasion, il faut penser aux frais de transfert, les frais d'assurance, les dépenses d'entretien et de carburant, etc.

Augmentation des recettes prévisionnelles

Un autre bon choix que vous pouvez faire, pour diminuer, voire combler le déficit budgétaire est l'utilisation de stratégies qui vous permettra d'améliorer ce que vous comptez recevoir pour la période. Vous pouvez vous trouver dans une situation où la réduction des dépenses, tenant compte de leur degré d'importance dans vos objectifs, est difficile ou presque impossible. Dans ce cas, ceci reste une intéressante option à explorer et à exploiter autant que faire se peut.

Dans le cadre des entreprises, elles cherchent à maximiser leur niveau de recettes en agissant par des politiques efficaces sur le niveau des prix, sur l'amélioration de la politique de recouvrement, sur l'extension de la part de marchés et sur la diversification des produits offerts. De même, les ménages ou les individus peuvent projeter d'utiliser des méthodes qui leur assureront une hausse des rentrées périodiques. D'ailleurs, c'est l'une des principales questions auxquelles je m'attends assez souvent dans une conférence sur l'élaboration du budget familial : « Comment peut-on améliorer ses recettes prévisionnelles en tant qu'individu ? »

Les stratégies que je propose habituellement et que je vais présenter ici peuvent ne pas être exhaustives, mais elles sont les plus répandues :

- Les heures supplémentaires ou en anglais *over time* : Dans les institutions publiques ou privées, les tâches à exécuter exigent parfois une durée dépassant celle pour laquelle on avait signé le contrat d'embauche, dans ce cas les responsables peuvent solliciter votre disponibilité au-delà de la limite normale. Pour une meilleure compréhension, si votre durée de travail journalier est de 8 heures du matin à 4 heures de l'après-midi et qu'on vous demande de rester jusqu'à 6 heures du soir on vous doit deux (2) heures supplémentaires pour cette journée. Le traitement des heures supplémentaires est prévu par la loi. Par exemple dans la législation haïtienne, c'est le Code du travail (Organisation internationale du travail, www.ilo.org) dans ses articles 97 et 98 qui les traite. Elles ne sont pas toujours obligatoires. C'est pourquoi, dans la perspective d'une augmentation de ses rentrées, quelqu'un qui n'avait pas l'habitude d'y participer peut revoir ses stratégies et chercher à fournir le plus d'heures supplémentaires que possible.
- Un deuxième emploi : Beaucoup plus dans les pays développés où le marché du travail est assez dynamique, les gens ont souvent tendance à prêter leur service à une deuxième institution en dehors des heures de travail régulières. Ceci me fait penser à un fait que j'ai vécu dans une clinique aux États-Unis. J'avais accompagné quelqu'un qui devrait

emmener sa fille voir son médecin. Après les premières consultations, on a attendu une quinzaine de minutes avant l'arrivée de la pédiatre qui dès son entrée a pris le soin de nous excuser pour le retard. Elle nous a expliqué qu'elle était obligée de prendre du temps pour se débarrasser de son odeur, car son deuxième emploi consiste à nettoyer des poissons dans un restaurant. Il n'est pas toujours aussi facile dans les pays en développement, mais il n'est pas non plus impossible. Il suffit qu'on s'attelle à la recherche.

- La diversification des sources de revenus par des activités extra-professionnelles : Quand on réalise que ce qu'on exerce comme activité principale ne répond pas à tous vos besoins, vous devriez chercher à adopter d'autres stratégies pouvant vous aider à équilibrer votre budget. Il n'est pas nécessaire de trouver un nouvel emploi, vous pouvez, à partir de vos compétences et vos expériences, créer de nouvelles opportunités afin de rentrer des fonds additionnels dans vos revenus. En attendant de détailler certaines de ces différentes opportunités dans la partie qui concerne les composantes du budget, citons entre autres : quelqu'un qui a des connaissances dans un domaine et qui décide de l'enseigner ou de donner des consultations, quelqu'un qui a des aptitudes en cuisine et qui donne des services de restauration après les heures de travail et il est aussi valable pour n'importe quelles autres capacités, quelqu'un qui achète des articles pour les revendre à ses collègues ou autres intéressés, chauffeur de taxi, quelqu'un qui investit dans d'autres activités rémunératrices quelconques comme le stock market, l'immobilier, etc. Ceci implique et traduit une volonté accrue de réussir malgré les situations difficiles auxquelles nous faisons face chaque jour.

Dette

Une dernière option à laquelle on peut avoir recours pour sortir de la zone rouge du déficit budgétaire est de contracter des dettes. Elles représentent une redevance monétaire que vous avez envers quelqu'un ou une institution après avoir reçu un fonds initial ou dans le cadre d'une prestation de service ou d'un achat à crédit. Dans la comptabilité des entreprises, les dettes se trouvent dans la partie droite du bilan sous la forme de passif. On distingue les passifs à court terme, ceux dont les échéances ne dépassent pas une (1) année et les passifs à long terme, ceux dont les échéances dépassent la durée d'un (1) an. De même, un individu peut aussi contracter des dettes à court terme et des dettes à long terme.

Les dettes à court terme des ménages regroupent le plus souvent des dépenses de consommation qui ont été effectuées et dont le paiement a été différé pour manque de liquidité. Ces dépenses peuvent être :

- L'acquisition à crédit d'un bien par l'individu. Ex. Quelqu'un qui achète des vêtements sans verser de contrepartie monétaire immédiatement ou qui verse une partie en ayant à payer le reste ultérieurement.
- Un service rendu à crédit à la personne en question. Ex. Quelqu'un qui a bénéficié des services d'un cabinet d'avocat et qui a accepté que le paiement d'une partie ou de l'intégralité des honoraires se fasse après la prestation de service.
- L'utilisation des cartes de crédit. Ex. Quelqu'un qui fait des achats en ligne à l'aide d'une carte de crédit émise par une institution financière.

Outre ces dépenses, d'autres catégories de dette à court terme peuvent être prises en considération :

- Des prêts en liquide octroyés par des particuliers qui ne génèrent aucun intérêt.
- Des prêts en liquide que l'individu a requis auprès des usuriers et qui vont susciter des charges d'intérêts exorbitantes.
- Des prêts en espèces ou en natures que les institutions financières offrent à leurs clients à partir de différents produits adaptés à des besoins spécifiques, tels que : Prêt à la consommation, crédit-écolage, crédit-énergie, etc. Les intérêts générés par ses prêts sont relativement élevés et leurs durées ne sont pas trop longues.

Les individus recourent habituellement à des dettes à long terme dans le cadre de projets coûteux et dont le taux d'intérêt ainsi que la durée du prêt représentent des facteurs clés dans ces choix stratégiques. Ces types de crédit sont octroyés par des institutions financières qui sont assez solides pour supporter de telles demandes. On distingue dans cette catégorie :

- Les prêts à la construction qui sont le plus souvent des prêts hypothécaires. C'est un type de crédit qu'on accorde aux clients dans le but d'acheter des terrains, de construire ou de rénover des bâtiments.
- Les prêts à l'investissement qui sont destinés à ceux qui désirent financer leurs propres activités économiques. Entre autres, les prêts commerciaux concernent les entreprises d'achat et de revente de bien et les prêts agricoles servent de financement à l'agriculture de manière générale.

Pour choisir de financer ses activités par un prêt à long terme, une analyse en profondeur de la modalité de paiement, du taux d'intérêt, de la durée du prêt, du montant des versements doit être effectuée.

Recourir à la dette, qu'elle soit à long ou à court terme, pour couvrir les déficits budgétaires n'est pas toujours recommandé à cause des intérêts qui vont s'accumuler. Il faut ajouter à cela que les obligations peuvent arriver à échéance à une date où les situations sont pires qu'actuellement. Il faut éviter d'arriver à une spirale d'endettement même si l'on n'ignore pas que s'endetter peut s'avérer la seule et dernière option.

En résumé, deux (2) cas de figure sont possibles si le budget n'est pas équilibré. On peut se trouver en présence d'un excédent ou d'un déficit budgétaire. Parmi les stratégies d'utilisation des excédents, le meilleur choix est de les investir dans des activités rémunératrices et dans le cas des déficits, diminuer les dépenses ou augmenter les recettes constitue les voies les plus efficaces pour les gérer.

> *« L'un ou l'autre de ces résultats ne constitue pas une fatalité ou un succès absolu en soi. Mais une tendance à les optimiser au fur et à mesure est le signe qu'on est sur la bonne voie et qu'on doit y persévérer… »*

CHAPITRE 10

UN DOCUMENT D'ÉVALUATION

Au niveau du chapitre 4 de cet ouvrage, nous avions démontré clairement que le budget est un document prévisionnel, c'est-à-dire qu'il est élaboré avant même son application. En suivant des méthodes qu'on détaillera plus loin, vous comprendrez pourquoi il est nécessaire de suivre avec rigueur le budget qu'on a préparé. Cependant, on n'ignore pas que certains impondérables peuvent modifier les plans conçus préalablement. Donc, on se rendra compte que les résultats obtenus en fonction des états des recettes et des dépenses réelles peuvent être favorables et défavorables par rapport au budget. À ce stade, on utilisera le budget dans une autre fonction, sa fonction d'évaluation.

L'évaluation est un concept qui est utilisé dans plusieurs domaines comme la pédagogie, la finance, le marketing, etc. Mais nous retiendrons, du fait qu'elle englobe notre conception, la définition apportée par la Société canadienne d'évaluation (2015) : « *L'évaluation est l'appréciation systématique de la conception, de la mise en œuvre des résultats d'une initiative pour des fins d'apprentissage ou de prise de décision.* » L'aspect qui nous intéresse le plus est l'aspect d'apprentissage évoqué dans cette définition, car la prise de bonne décision passe nécessairement par la maitrise du domaine dans lequel on aura à évoluer.

À partir des comparaisons entre les différentes rubriques qui apparaissent dans les états réels et dans le budget, on sera en mesure de produire des évaluations sur trois (3) angles :

- évaluation de l'atteinte des objectifs fixés,
- évaluation de la performance de votre gestion financière,
- évaluation de la qualité du budget élaboré

Évaluation de l'atteinte des objectifs

Dans un premier temps, nous avions admis que le budget est la résultante d'un ensemble d'objectifs à long terme. Ces objectifs reflètent les rêves d'un individu qui a fait des choix de se libérer des différents soucis de la vie qui nous ensorcellent constamment, notamment celles qui sont de nature financière. À partir des résultats de votre budget, vous pouvez être en mesure de vous situer par rapport à vos attentes, c'est-à-dire est-ce que vous vous rapprochez de ce que vous aviez eu comme objectifs ou au contraire est-ce que vous vous en éloignez. Prenons par exemple quelqu'un qui avait l'intention de mobiliser un million (1 000 000,00) gourde sur une période de deux (2) ans pour financer un projet. Se basant sur le budget de la première année et les états réels de recettes et de dépenses pour la même période, il peut évaluer quel pourcentage du montant idéal qu'il dispose. On suppose qu'il a pu épargner réellement pour la période la somme totale de deux cent mille (200 000,00) gourdes et considérons qu'il n'avait aucun fonds épargné avant cette période. Donc il est facile pour lui de dire, à partir d'une opération qui consiste à diviser la somme réelle par le montant de l'objectif à savoir : 200 000,00/1 000 000,00 qui est égale à 0,2 ou 20 %, qu'il est à 20 % de l'accomplissement de son projet.

L'interprétation de ce résultat en valeur absolue peut ne rien révéler de concret s'il n'est pas comparé à celui du budget prévisionnel élaboré en vue de voir à quel point on est par rapport aux prévisions. Ainsi, on peut se trouver en présence de trois (3) cas de figure :

- Les résultats réels sont supérieurs aux résultats prévisionnels. C'est la meilleure situation qui puisse arriver, car elle vous rapproche plus vite de votre but et peut vous permettre de prendre moins de temps que prévu.

- Les résultats réels sont équivalents aux résultats prévisionnels. Cette situation est acceptable et à la limite bonne dans la mesure où vous pouvez au moins atteindre votre niveau prévu, mais son amélioration peut s'avérer possible.
- La troisième situation possible est celle où les résultats réels sont inférieurs aux résultats prévisionnels. Ceci sous-entend que votre objectif périodique a été manqué. Vous n'allez pas vous blâmer tout de même sans analyser les faits qui ont occasionné de tels résultats, car ils peuvent être dus à des facteurs externes comme des troubles politiques qui ont eu des impacts négatifs sur vos activités économiques ou des facteurs internes comme un accident qui est arrivé sans que vous ayez constitué un fonds capable de le supporter. Mais dans d'autres cas, ce résultat peut être la répercussion de deux éléments : la performance de votre gestion financière ou la qualité de votre budget. Heureusement, le budget vous informera aussi sur ces points.

Évaluation de la performance de votre gestion financière

Un autre aspect que le budget vous permet d'évaluer peut se résumer dans la question suivante : vos pratiques de gestion financière sont-elles performantes ?

La performance sera considérée ici comme le résultat obtenu par quelqu'un dans un domaine quelconque et la gestion financière, pour l'appliquer aux individus, se résumera à l'ensemble des activités ou des décisions qui ont un impact sur leurs résultats financiers. À partir d'une analyse comparée des différents postes budgétaires à leurs correspondants au niveau des états réels, il est possible de remarquer à quel niveau l'écart a été le plus défavorable et les causes qui ont engendré de telles différences. Pour mieux le comprendre, nous allons utiliser quelques exemples :

- Quelqu'un qui a été négligent dans ses nouvelles stratégies d'investissement le constatera au niveau des recettes prévues. Le même cas est possible pour celui qui traite avec négligence sa principale source de revenus.

- Quelqu'un qui ne contrôle pas avec rigueur ses dépenses comme les loisirs, les dons peut observer une large différence entre la prévision et la réalité.
- Quelqu'un qui se laisse aller facilement par le désir de consommer et qui ne se soucie pas de ses objectifs fera face, tôt ou tard, à un déséquilibre entre ses dépenses de consommations et ses prévisions.
- Quelqu'un qui n'applique pas les principes de base de la gestion financière dont la plupart est édictée dans cet ouvrage se rendra à l'évidence que les rubriques générales de son budget ne peuvent correspondre à la réalité.

Cette liste pourrait être plus longue, mais l'essentiel est d'adopter de nouvelles approches qui peuvent conduire à atteindre un niveau optimal de performance consistant à maximiser les recettes et minimiser les dépenses. Pour ce, il faut :

✓ se concentrer sur ses objectifs ;
✓ être rigoureux dans l'application du budget ;
✓ avoir de la discipline dans ses dépenses ;
✓ maitriser et appliquer les principes de base de la gestion financière individuelle ;
✓ consacrer du temps et disposer de stratégies efficaces pouvant permettre la diversification des recettes.

Évaluation de la qualité du budget

Un dernier aspect du caractère évaluatif du budget est sa qualité, c'est-à-dire sa capacité à pouvoir se rapprocher le plus que possible de la réalité. Ce qu'il ne faut jamais oublier, c'est que le budget a été élaboré dans le but d'être appliqué réellement. C'est pourquoi on doit utiliser tous les mécanismes imaginables pour qu'il reflète effectivement les rentrées et les sorties de fonds réels si d'autres facteurs imprévisibles ne se sont pas présentés. On peut également utiliser la comparaison entre les différents chiffres des états réels et du budget pour évaluer sa qualité. Si dans l'évaluation de la performance de votre gestion financière, on avait passé en revue les différentes pratiques qui ont abouti aux résultats réels, dans l'analyse de la qualité du budget on va passer en revue les techniques qu'on a utilisées dans son élaboration. Si par exemple, quand on préparait le budget prévisionnel, on avait omis de tenir compte de l'une des rubriques de dépense fondamentale comme le logement ou le déplacement, il est normal qu'à la fin de la période, vous soyez en face d'une situation où votre budget est très loin de la réalité. Il en serait de même si vous aviez utilisé votre optimisme pour la prévision des recettes. Dans ces cas, vous pouvez faire de votre mieux pour que votre gestion financière soit performante, vous serez toujours dans une situation difficile à cause de la qualité de votre budget.

À la fin de la période, après que vous vous êtes rendu compte des faiblesses ou des lacunes qui entachent la préparation de votre budget, l'essentiel est de tirer des leçons et d'éviter que dans la préparation du prochain budget les mêmes erreurs ne soient répétées.

« Le budget permet de répondre à ces questions
à partir des évaluations :
- Où êtes-vous par rapport à vos objectifs?
- Comment a été votre gestion financière?
- Quelle est la qualité de vos prévisions? »

TROISIÈME PARTIE

COMPOSANTES DU BUDGET

Depuis le début de l'ouvrage, on n'a pas cessé d'utiliser le concept de budget. Nous avions pris le temps et le soin nécessaires pour apporter des éléments de définition qui en sont attribuables en fonction de l'agent économique qui l'établit. Dans la partie précédente, on a pris en compte différents aspects et caractéristiques de la notion et dont certains peuvent être utilisés comme des principes de base dans son élaboration. C'était aussi pour nous, l'occasion d'émettre quelques conseils pratiques quant aux choix qu'on aura à faire pour les différentes rubriques. Mais jusqu'ici, on n'avait pas encore abordé le budget dans sa forme physique, c'est-à-dire comment il se présente de manière détaillée.

Dans plusieurs chapitres de la partie précédente, les principaux éléments composant le budget ont été évoqués de façon sommaire, notamment, dans les chapitres où l'on avait parlé du choix des dépenses sur la base des besoins prioritaires et le choix des revenus selon une approche pessimiste. On a mis du temps pour arriver là, mais nous y sommes. Dans cette partie, on dévoilera les différents postes budgétaires qu'un individu, ménage ou foyer pourra utiliser dans l'élaboration de son budget prévisionnel. Pour ce, on divisera cette partie en trois (3) chapitres en fonction des principaux éléments suivants :

- *Les rentrées de fonds ou recettes*
- *Les dépenses de consommation*
- *Les dépenses d'investissement*

CHAPITRE 11

RENTRÉES DE FONDS OU RECETTES

Je rappelle que l'une des grandes différences qui existent entre l'élaboration des budgets de l'État et ceux des entreprises réside dans le processus. Pour l'État, l'identification et la satisfaction des besoins de base de la population restent et demeurent sa priorité et de ce fait, il doit trouver les moyens nécessaires pour les satisfaire, car il ne cherche pas à tout prix à dégager des surplus. Tandis que pour les entreprises à but lucratif, dont la mission principale est d'enrichir les investisseurs, elles s'intéresseront avant tout aux recettes pour pouvoir financer les dépenses monétaires. Certains pourraient contredire cette allégation, car ils considèreraient ce processus comme un cycle, ce qui est compréhensible, mais il est évident que, tenant compte des principaux objectifs de chacun de ces agents économiques, le choix de leur priorité est clair. En comparant les priorités des deux agents économiques (État et entreprise), pour les ménages, je recommande la poursuite de surplus que cherchent les entreprises et qui passe par la prédominance des recettes sur le choix des dépenses.

On ne va pas s'attarder sur ce débat, car l'objectif de ce chapitre est de présenter les différentes rubriques qui constituent les recettes des ménages. Mais avant, voyons ce que représentent brièvement les recettes de l'État et celles des entreprises.

Selon le « Guide du citoyen sur le budget d'Haïti » préparé par Group Croissance (2017), le financement du budget de l'État qui représente ses rentrées de fonds peut provenir de trois sources :

- Les recettes courantes qui comportent des recettes internes et des recettes douanières.
- Les dons qui peuvent être sous les formes d'appui budgétaire ou d'aide projets
- Le financement qu'on retrouve sous trois (3) formes : les tirages sur emprunt, les bons du Trésor et les autres financements internes de projets.

En ce qui a trait aux entreprises, leurs revenus, appelés produits d'exploitation, sont présentés différemment en fonction du type d'entreprise choisi :

- Pour les entreprises de service, on les présente sous la forme générale : services rendus ou dans le cas des personnes exerçant des professions libérales comme les avocats, les médecins, etc., leurs revenus sont appelés honoraires.
- Dans le cas des entreprises commerciales, il y a deux (2) niveaux dans le calcul des produits d'exploitation. Dans un premier temps, on détermine le montant total de la vente brute, puis on évalue les coûts variables qu'on va déduire des ventes brutes pour finalement aboutir aux ventes nettes.
- Le calcul des produits d'exploitation des entreprises de transformation est assez complexe, car elle passe par plusieurs étapes : d'abord, on doit calculer le montant total des ventes nettes (Ventes brutes – remises sur rabais sur ventes), puis le coût de transformation des marchandises vendues qui consiste à ajouter au stock initial le coût des marchandises produites pour la période et déduire de tout ça le stock final. Pour trouver la marge bénéficiaire brute, on soustrait le coût des marchandises vendues des ventes nettes.

L'un des principes comptables généralement reconnus (PCGR), dénommé principe de réalisation signale que : « *les produits d'exploitation provenant de la prestation de services sont constatés et comptabilisés au moment où les services sont rendus. Pour la vente des biens, le produit est habituellement constaté à la livraison des marchandises.* »

Les ménages ou les individus, quelle que soit l'activité économique à laquelle ils s'adonnent, peuvent parler de recettes même s'il faut admettre qu'on n'a pas tous les mêmes niveaux. Une fois que quelqu'un couvre ses besoins personnels, c'est parce qu'il a une source de rentrée de fonds. Je sais à partir de là, vous vous posez sûrement la question : et ceux qui vivent au détriment de leurs proches ou autres ? Je vous réponds affirmativement, même les mendiants ont une source qui leur permet de pourvoir à leurs besoins et je suis capable de certifier que certains perçoivent plus que certains petits salariés.

Les recettes des individus proviennent de plusieurs sources qui sont fonction de l'activité principale et des activités secondaires qu'ils exercent :

Salaire

Le salaire représente, de manière générale, la valeur monétaire reçue en échange dans le cadre de service rendu par un employé à un employeur. Le Code du travail haïtien définit le salaire ainsi en son article 135 :

> *Quels qu'en soient la dénomination et le mode de calcul, la rémunération ou les gains susceptibles d'être évalués en espèces et fixés par accord ou par la loi, qui sont dus par un employeur à un travailleur en vertu d'un contrat de travail écrit ou verbal, soit pour le travail effectué ou devant être effectué, soit pour les services rendus ou devant être rendus. Le salaire peut être payé soit en espèces et en nature, soit sous forme de participation aux bénéfices, aux ventes ou aux recettes de l'employeur ; il est payé par unité de temps (par mois, par quinzaine, par semaine, par jour, par heure), à la tâche, à la pièce ou à forfait. (Source : Organisation internationale du Travail, www.ilo.org.)*

Une fois que l'individu travaille et perçoit une rentrée périodique régulière, on peut parler de salaire dans son cas. Un autre concept qu'on utilise dans certaines institutions, c'est la notion de rémunération. Elle est plus large dans le sens qu'elle peut englober un salaire fixe (salaire de base), un salaire variable (primes, commission, etc.) et les périphériques de la rémunération (mutuelle, prévoyance, retraite, formation, participation au bénéfice [...]).

Boni

Un autre engagement que les patrons ont envers leurs employés est ce que le Code du travail appelle boni. Ceci représente un salaire complémentaire qui est dû entre le 24 et le 31 décembre de chaque année. Il est évalué à un douzième de chacun des mois pour lesquels on a travaillé durant l'année, ce qui donne dans la plupart des cas le paiement d'un treizième mois. On a souvent tendance à confondre ces deux termes qui ne sont pas les mêmes : le boni et le **bonus.** Ce dernier est lié à la performance de l'employé et l'atteinte des objectifs fixés.

Primes

La prime est un versement à titre exceptionnel. Elle peut être versée pour un bon résultat, mais aussi lors d'une arrivée ou d'un départ dans une entreprise. Elle se différe de la **gratification** qui n'est pas un versement à titre exceptionnel, mais de manière coutumière comme une gratification de Noël par exemple.

Per diem

C'est une forme d'allocation journalière qu'une institution accorde à ses employés dans le cadre d'un déplacement hors de son lieu de travail ordinaire. Le déplacement peut être national ou international. Donc la tarification se fera en fonction d'une politique bien établie préalablement par l'institution. Il peut inclure : les frais de déplacement, d'hébergement, de nourriture, etc.

Autres allocations

Dans cette rubrique, on tiendra compte de tous les autres types de fonds reçus dans le cadre des relations qui lient un employeur à un employé.

Retours financiers sur les projets d'investissement

Bon nombre de salariés se trouvent dans une situation de précarité financière. Ils sont considérés comme les éléments constituant le premier des quatre (4) quadrants élaborés par Robert T. Kiyosaki (2015) dans le quadrant du cash-flow. Ce qui résume ce quadrant est qu'ils vendent leurs temps pour gagner de l'argent. À la fin de leur vie, leur seul actif n'est qu'une maison qu'ils peinent à acquitter intégralement et dans la plupart des cas, ils sont obligés de travailler au-delà de leur âge de retraite pour subvenir à leurs besoins globaux. Cette situation entraine une dépendance constante à l'emploi. Pour pallier ce phénomène, il est conseillé de diversifier ses sources de revenus par la création ou l'achat de projets d'investissement rentable.

À partir de ces différentes catégories d'investissements, de nouvelles rentrées vont apparaitre au niveau des prochains budgets. Elles seront constituées des rendements liés à des activités rémunératrices ou génératrices de revenus qui peuvent être de diverses sources telles que : l'immobilier, les placements, les entreprises de service, les entreprises commerciales, les entreprises de transformation, l'agriculture. En attendant de voir en détail ces types d'investissement (chapitre 13), il faut souligner que les rendements qui y découlent peuvent être à court, moyen ou long terme. C'est pourquoi en fonction de vos capacités financières, il faut s'assurer que la durée de l'échéance du rendement est appropriée. Nombreux sont ceux qui dans le souci d'investir ne font aucune analyse de l'échéance, et qui vont avoir de graves problèmes financiers dans le futur. Par exemple, il est déconseillé d'investir dans un projet qui offre des rendements à long terme si la valeur résiduelle du budget ne permet pas de subvenir aux besoins fondamentaux. La meilleure option serait de recourir à des projets qui garantissent des rendements à court terme (surtout dans un environnement risqué) en vue d'améliorer le résultat budgétaire périodique et ainsi on pourrait projeter dans un laps de temps déterminé l'investissement voulu.

Dons ou subventions

Pour certains, aborder la notion de dons dans un processus d'élaboration du budget personnel ou dans une démarche d'amélioration financière peut paraitre impropre par rapport à la forme de la provenance. Toutefois, que l'on veuille ou non, cette rubrique constitue une source de rentrées de fonds inévitable surtout dans les sociétés où le taux de chômage est très élevé et où les rémunérations mensuelles sont souvent inadéquates aux besoins de base. De ce fait, on ne peut laisser de côté cette catégorie.

Les dons ou les subventions représentent un fonds reçu hors du cadre normal d'un service rendu pour lequel on est rémunéré. C'est-à-dire le montant reçu n'est pas nécessairement le fruit d'une redevance, mais de la bonne foi de celui qui l'octroie. Ce fonds peut provenir de proches parents ou d'amis, mais aussi on peut le recevoir de particuliers, d'associations caritatives ou d'autres institutions avec lesquels on n'a pas vraiment des liens étroits. Dans certains cas, ce fonds est permanent et fixe, mais dans la plupart des cas, les dons dépendent du supporteur : de ses rentrées, de ses dépenses, de son humeur, de sa disponibilité, etc. Pour éviter une mauvaise évaluation des rentrées de fonds totales, il faut être très prudent avec cette rubrique en tenant compte des dons ou subventions les plus sures à recevoir pendant la période.

Prêts

Les prêts représentent une catégorie de rentrée de fonds qui sont exceptionnellement valables pour couvrir des différences budgétaires. Le recours au prêt, comme il a été souligné, doit être minutieusement analysé pour éviter de s'engouffrer dans une situation d'inconfort financier. Le remboursement mensuel, le taux d'intérêt, le nombre de remboursements, les frais de pénalités doivent, entre autres, faire l'objet de réflexions approfondies pour voir si ce prêt ne tend pas à vous appauvrir ou à vous enliser dans une spirale d'endettement.

Autres sources de revenus

Beaucoup d'autres types de recettes auraient pu être considérés tels que la vente d'un actif quelconque, la réception du montant du consortium, un montant reçu pour un service qu'on a rendu. Compte tenu du caractère non permanent de ces rentrées de fonds, on va les englober dans une rubrique générale appelée autres sources de revenus. Tout type de revenu qui n'a pas été pris en compte dans les rubriques précédentes fera partie de cet ensemble, mais moyennant une annotation au bas du budget qui donne des détails du montant et des recettes spécifiques ou recettes extraordinaires.

CHAPITRE 12

DÉPENSES DE CONSOMMATION

Au moment de la rédaction de ce chapitre, je viens tout juste de relire l'ouvrage titré « L'homme le plus riche de Babylone » écrit par Georges S. Clason (1993). Certains passages ont attiré mon attention dans le chapitre qui concerne les sept moyens de remplir une bourse vide, notamment le deuxième moyen qui consiste en un contrôle efficace des dépenses.

L'une des questions les plus pertinentes sur le budget familial est : comment parvenir à élaborer un budget avec un niveau de revenu qui ne suffit pas à couvrir ses dépenses ? Pour apporter des éléments de réponse, on va considérer l'approche du richissime Arkad, personnage fictif utilisé dans l'ouvrage de Georges S Clason susmentionné.

Premièrement, Arkad a mis l'accent sur le fait que tous les étudiants ne gagnent pas le même niveau de revenu et n'ont pas tous les mêmes dépenses par rapport à leur situation familiale, car certains ont une plus grande responsabilité. Mais ils ont un dénominateur commun qui est le manque d'argent. Arkad leur a révélé une vérité selon laquelle les dépenses dites obligatoires augmentent proportionnellement aux revenus. Toutefois, une erreur qu'il faut éviter consiste à confondre les désirs des besoins obligatoires, car vous aurez toujours des désirs insatisfaits, quelles que soient vos rentrées mensuelles.

En deuxième lieu, Arkad a mis beaucoup d'accent sur le budget des dépenses obligatoires comme on l'avait vu dans le chapitre six. Pour intervenir sur le désaccord de l'un des étudiants qui ne voulait pas être esclave d'un budget sous prétexte qu'il a le droit de jouir pleinement des bonnes choses de la vie,

Arkad a pris en exemple un âne. Si c'est l'âne qui avait à établir sa charge, il aurait pris le strict nécessaire, mais étant donné qu'il est esclave de son propriétaire, il est obligé de porter des fardeaux s'avérant souvent trop lourds. Ce qui est différent dans le cas du budget, car si l'on en était son esclave, ce ne serait pas à nous de prévoir les éléments à inclure. Nous le dotons des charges que nous pouvons supporter.

Il a achevé ses conseils en ces termes : « *Budgétez vos dépenses de manière à posséder des pièces d'argent pour payer vos dépenses inévitables et vos loisirs, et pour satisfaire vos désirs valables, sans dépenser plus que les neuf dixièmes de vos gains.* »

À travers ses propos, l'auteur nous invite à faire des choix rationnels afin de mieux gérer les dépenses figurant dans le budget. Dans les chapitres précédents, nous avons mentionné l'utilisation des revenus comme base pour calculer le niveau global des dépenses à effectuer durant une période donnée. Ceci nous renvoie au processus d'évaluation préliminaire du montant des recettes possible, déduit de dix pour cent (10 %) minimum des recettes totales prévues et finalement on associe le montant final au choix des dépenses comme prescrit dans les paragraphes précédents.

Les dépenses de consommation diffèrent des dépenses d'investissement (dépenses en capital dans le secteur public), car elles ne confèrent aucune valeur ajoutée future. C'est-à-dire, on ne peut rien attendre en retour comme retombées financières après avoir utilisé un fonds à des fins de consommation. L'un des exemples qui illustrent cette différence est l'achat d'une voiture. On peut l'acheter dans le but de l'utiliser personnellement (dépense de consommation) ou l'on peut l'acheter afin qu'elle puisse générer des profits en la revendant ou en l'utilisant dans des activités rémunératrices telles que taxis, services de livraison, etc.

Pour classifier les dépenses de consommation, les organismes spécialisés dans la finance personnelle ont recours à plusieurs types de rubriques générales. Certains établissent une différence entre les **dépenses fixes** (loyer, assurance, impôts, internet, etc.) et les **dépenses variables** (vacances, sorties, vêtements, alimentation, etc.) D'autres distinguent les **dépenses courantes** (l'alimentation, l'entretien de la maison, les dépenses de santé, le transport, les loisirs…) **des dépenses occasionnelles** (les réparations, les cadeaux, les voyages non prévisibles…).

Dans les paragraphes suivants, nous allons utiliser une classification basée sur des rubriques générales plus détaillées. À la place de deux (2) grandes rubriques, on en mettra environ une douzaine qui sera elle-même subdivisée en plusieurs sous-rubriques plus spécifiques. Les rubriques seront : alimentation, logement, ameublement et équipements électroménagers, habillement, éducation, communication, déplacements, loisirs et culture, frais financiers, obligations fiscales (Impôts, taxes et autres), dons, dépenses occasionnelles ou non prévisibles.

L'ALIMENTATION

D'un point de vue biologique, l'alimentation représente la principale pré-occupation de l'être humain. D'ailleurs, l'alimentation constitue le besoin physiologique fondamental. Personne ne peut subsister sans se nourrir, quelle que soit la méthode utilisée. Elle peut avoir un aspect culturel, car elle n'est pas la même dans tous les pays ou continents. Selon la pyramide alimentaire, ils sont classés en sept (7) groupes :

1. Le pain, les céréales et les légumes secs

2. Les fruits et les légumes

3. Les produits laitiers

4. La viande, le poisson et les œufs

ou les légumes secs et le soja

5. Les matières grasses

6. Les produits sucrés

7. Les boissons

Je ne vais pas exiger la rigueur dans le classement des dépenses de consommation, mais, quel que soit le classement retenu, les dépenses d'alimentation doivent être prioritaires suivant le principe de la prédominance des dépenses visant à satisfaire les besoins physiologiques.

Les dépenses d'alimentation renferment toutes celles qu'on effectue dans le but de satisfaire notre faim et notre soif. On y inclura les dépenses suivantes :

- Nourritures
- Boisson non alcoolisée
- Dessert

LE LOGEMENT

Avoir un endroit pour habiter constitue un autre besoin fondamental de l'individu afin de faire face aux changements éventuels de température, de se mettre en sécurité la nuit et de se reposer au besoin. Que cet édifice soit en bloc ou en paille, somptueux ou modeste, en ville ou à la campagne, il procure à son utilisateur (propriétaire ou locataire) le sentiment d'être chez soi, un sentiment qui peut contribuer à son bien-être. Plusieurs législations considèrent le droit au logement comme étant l'un des droits fondamentaux de l'être humain. C'est pourquoi même dans la Déclaration universelle des droits de l'homme (DUDH) de 1948, dans le pacte international relatif aux droits économiques, sociaux et culturels de 1966 et dans d'autres instruments internationaux relatifs aux droits de l'homme, l'obligation est faite aux États signataires de garantir aux citoyens le droit à un logement convenable.

On divisera les dépenses de logement en deux (2) catégories pour comprendre et élaborer le budget personnel. La première catégorie concernera les ménages qui sont en location et la deuxième tiendra compte des propriétaires.

Pour le locataire

- Le loyer : le montant périodique qu'on paie au propriétaire pour pouvoir jouir de son immeuble pendant un certain temps conformément au contrat signé entre les deux parties.

- Les améliorations locatives : Dépenses plus ou moins considérables effectuées dans un bâtiment loué pour modifier une partie ou tout l'espace. Comme traitement comptable, elles sont considérées comme des actifs qui sont amortis sur la période non écoulée du bail.
- Entretien (locataire) : En règle générale, les entretiens qui sont évalués à un montant relativement élevé sont à la charge du propriétaire. Mais, dans certains cas, si la dépense n'est pas trop élevée, le locataire peut consentir à l'effectuer.
- Réparation d'objet brisé : Très souvent dans les contrats, on signale à l'attention du locataire qu'il est tenu responsable de tout dommage causé par un membre de la maison. De ce fait, il doit le réparer.
- Montant de garantie : Lors de la signature du contrat, mis à part le loyer, certains propriétaires exigent un pourcentage du montant total du loyer comme dépôt de garantie qui sera restitué à l'échéance. Il est perçu dans le but de couvrir certaines dettes éventuelles laissées par le locataire ou pour la réparation des objets brisés au terme du contrat.
- Frais de courtage : Dans certains cas, on est obligé de recourir à l'intermédiation d'un courtier dans la quête d'un espace à louer.

Pour le propriétaire

- Remboursement hypothécaire : Le prêt hypothécaire est un type de prêt qui implique la mise à la disposition du créancier, un droit réel sur un bien immeuble appartenant à l'emprunteur comme garantie. Lors des versements périodiques, le montant total est divisé en 2 parties : le remboursement sur le capital et le paiement des intérêts en fonction du taux applicable et du nombre de remboursements. C'est pourquoi, lors d'une demande de crédit hypothécaire, il faut exiger des détails ou des informations sur chacune de ces parties afin de mieux les comptabiliser. Dans cette sous-rubrique, on tiendra compte de la partie à verser comme remboursement du capital pour la période.
- Réparation et agrandissement : L'ensemble des dépenses qui tendent à restaurer un objet ou aménager un espace et celles qui concernent la construction d'une autre pièce ou d'un autre étage seront classées dans cette section.

- Assurance : L'achat d'une police d'assurance représente un pré requis exigé par les créanciers pour éviter que la perte soit totale en cas d'incendie ou de catastrophe naturelle.
- Autres charges ménagères : Que vous soyez locataires ou propriétaires, vous aurez à faire face à un tas d'autres dépenses qui sont liées à l'utilisation de votre espace de logement. Elles ont pour objectif l'amélioration de l'environnement où l'on vit. Ces charges comprennent entre autres : l'électricité, l'eau, le système de câblage pour la télévision, l'achat de gaz propane, le salaire du personnel d'entretien [...]

L'AMEUBLEMENT ET LES ÉQUIPEMENTS ÉLECTROMÉNAGERS

Une maison louée, construite ou achetée serait incomplète si elle n'est pas équipée de matériels adéquats destinés à satisfaire les besoins et les désirs de ses occupants. Pour être confortables, certains ont besoin de lit, de chaises, de table, etc. Dans le but de satisfaire d'autres besoins spécifiques, il est souvent nécessaire de se procurer certains équipements tels que : téléviseur, réfrigérateur, ventilateur, four… Ainsi, ces dépenses doivent être classées dans un compte spécifique. Mais elles ont une particularité, car leurs utilisations vont au-delà d'une année. D'un point de vue comptable, ils sont considérés comme des actifs à moyen ou long terme.

L'HABILLEMENT

Porter des vêtements répond d'abord à la satisfaction de l'un des besoins physiologiques dans la perspective d'Abraham Maslow. Avant d'être une question de mode ou de style, il permet à l'être humain de protéger son corps contre les variations de température par exemple. La mode, tel que nous la connaissons dans notre société n'a pas toujours été ainsi et n'est pas forcément la même dans d'autres sociétés. Pour encourager une tenue convenable, nous reprenons une citation du texte de Sarah Troquet intitulé « L'histoire du vêtement au fil des temps » (2018) :

« Trop féminin, trop masculin, trop court, trop couvrant, trop large, trop haut, troué, déchiré, débraillé, m'as-tu-vu, clinquant,

mauvais genre… Une seule certitude se dessine : une tenue correcte a toujours été exigée. Gare à ceux qui sortent du rang. »

Les dépenses qui constituent cette rubrique peuvent être divisées en plusieurs groupes qui sont sujets à d'éventuelles discussions des spécialistes de la mode. Mais, le classement utilisé ici ne servirait que pour l'élaboration du budget personnel :

- Vêtements (chemise, pantalon, robe, jupe, corsage, costume…)
- Chaussures (Soulier, chaussette, sandale, sneaker, botte…)
- Sous-vêtements (chemisette, slip, culotte, jupon, soutien-gorge…)
- Bijoux (bagues, anneaux, chaines, bracelets…)
- Accessoires (cravate, chapeau, mouchoirs…)

L'ÉDUCATION

Le système éducatif ne comporte pas le même nombre de classes dans tous les pays. Mais, partout, on rencontre les mêmes étapes : préscolaire, primaire et secondaire avant d'entamer des études universitaires ou des carrières professionnelles. Certaines familles sont obligées de s'endetter pendant toutes leurs vies en vue d'offrir une éducation de qualité à leurs enfants. Néanmoins, une interrogation demeure sur la valeur réelle de cette instruction acquise en termes de capacité à faire face aux plus grands défis de la vie courante comme les problèmes financiers par exemple. En d'autres termes, on peut se demander si l'instruction reçue nous permet d'appréhender les enjeux fondamentaux réels de la vie pratique. Alors la question de l'efficacité du système éducatif doit être primordiale pour les parents. En dépit de tout, nous ne pouvons pas nous soustraire de la responsabilité d'envoyer nos enfants à l'école. Ainsi les dépenses pour l'écolage des enfants tels qu'elles apparaissent généralement dans les bordereaux sont : frais d'entrée, uniforme, fournitures classiques, achat de livres, autres frais scolaires. Dans certains cas, des débours additionnels doivent être envisagés pour le paiement d'heure supplémentaire et l'argent de poche.

Une autre catégorie de dépense d'éducation qu'on ne doit pas négliger est celle qui consiste à accroitre ses potentialités en se perfectionnant. Il ne faut pas oublier qu'on représente un actif qui mérite de prendre de la valeur au fur et à mesure que l'âge avance. D'ailleurs, il est extrêmement important de savoir comment vendre le produit fini que vous représentez. Vous souvenez-vous de la dernière fois que vous avez acheté un ouvrage de développement personnel, d'éducation financière ou autres ? Quel est le dernier documentaire instructif que vous aviez regardé ? Quelle mise à jour avez-vous faite de vos connaissances durant les deux (2) dernières années ? Tous les ouvrages de finance personnelle que j'ai consultés ont mis beaucoup d'accents sur ce qu'on aurait pu considérer comme un investissement en soi-même. L'ouvrage titré « Savoir se vendre » traite en profondeur cet aspect qui vous permet de mieux développer vos potentialités. Ainsi, les dépenses qui consistent à : acheter des livres, poursuivre les études universitaires, participer à des séminaires et des conférences enrichissants, suivre des cours en ligne […] devraient occuper une place de choix lors de l'élaboration du budget.

LA COMMUNICATION

Le concept communication dérive d'un verbe latin « communicare » qui signifie partager quelque chose ou mettre en commun. Le processus de communication est un facteur inévitable dans la relation que les êtres vivants entretiennent entre eux quand ils sont en groupe. La communication implique un échange entre un émetteur et un récepteur et vice versa à partir d'un canal en utilisant un code commun. L'utilisation de la machine dans le processus communicatif va favoriser l'émergence de la télécommunication et des nouvelles technologies. C'est pourquoi de nos jours quand on parle de communication on peut l'assimiler à ces moyens très répandus qui représentent des canaux assez efficaces. C'est dans cette ligne d'idée qu'on va inclure dans cette rubrique les dépenses suivantes :

- Achat de téléphone
- Paiement de plan d'internet et d'appel
- Réparation de téléphone
- Autres accessoires (changement de SIM, achat de router Wireless, achat de câble ou de chargeur, etc.)

- Achat d'ordinateur et autres équipements informatiques
- Achat de programmes informatiques.

LES DÉPLACEMENTS

Une autre activité qui est nécessaire pour les êtres vivants, particulièrement l'être humain est la capacité de pouvoir laisser un lieu pour se rendre à un autre, qu'il soit proche ou éloigné. Pour se déplacer, les hommes utilisent plusieurs voies ou moyens qui peuvent être répartis en :

- Voie terrestre (bicyclette, motocyclette, voiture, bus, camions, dos d'animaux…)
- Voie maritime (usage de navire de toute sorte)
- Voie aérienne (avions, hélicoptères…)
- Voie ferroviaire (usage des chemins de fer par les trains)

La budgétisation des dépenses de déplacement s'effectue en fonction de la capacité de l'individu à posséder ou non l'un des moyens de déplacement cités plus haut. Ainsi, on retrouve celles qui suivent :

- Achat de matériels de déplacement
- Réparation de matériels de déplacement
- Paiement d'assurance et frais de légalisation du véhicule
- Achat de carburant
- Abonnement périodique
- Autres frais de déplacement (taxi, bus, train, navire, tickets d'avion, etc.)

LES LOISIRS ET LA CULTURE

Pour garantir un bon équilibre de l'esprit, surtout après une période de grande fatigue, l'individu ainsi que sa famille ont besoin d'un passe-temps qui leur permet de se récréer. Certains ont tendance à minimiser cette rubrique, car ils préfèrent passer tout leur temps à s'occuper des activités qu'ils considèrent comme plus sérieuses. Dans la majorité des cas, les résultats ne sont autres que le stress qui va occasionner des maladies comme le diabète ou l'hypertension et la dépression qui vont ronger la santé de l'individu. Les activités de loisirs sont souvent liées à celles qui ont une portée culturelle comme la danse et la musique par exemple. De ce fait, cette rubrique sera constituée des dépenses effectuées dans les passe-temps suivants :

- Plage et pique-niques.
- Sorties nocturnes
- Cinéma/théâtre
- Boissons alcoolisées et autres
- Vacances/croisières
- Sports

LES FRAIS FINANCIERS

En tant qu'enseignant de « monnaie et banques » à l'Université, je prends toujours le soin d'expliquer aux étudiants que les banques comme institutions financières sont des entreprises commerciales. Ils posent, chaque session, la même question : quels biens vendent les banques pour qu'elles soient des entreprises commerciales ? Je leur réponds que les banques achètent de l'argent des déposants et les vendent à ceux qui l'empruntent. Alors, par quels mécanismes et à quel prix ? J'ajoute que lorsque les clients déposent leur argent à la Banque, cette dernière enlève une partie comme réserves obligatoires et le reste sera disponible pour des activités rémunératrices comme le crédit par exemple. Elle offre aux déposants un taux d'intérêt assez faible et investira le reste dans des activités de crédit à des taux plus élevés. Certaines banques offrent d'autres types de service comme : affacturage, octroi de crédit, change de devise, etc. Donc, pour tous ces services fournis, elles exigent des frais qui constituent en même temps des charges pour la personne qui les paie. L'ensemble de ces charges va être classé dans la rubrique (frais financiers) au niveau du budget. Ce sont :

- Intérêts sur prêts
- Paiement des frais sur les cartes de crédit
- Frais pour les chéquiers
- Frais pour attestation bancaire
- Frais des virements bancaires
- Paiement d'assurance
- Paiement des frais de transfert
- Frais pour autres services financiers.

Après le paiement des frais financiers, on doit toujours éviter d'avoir des démêlés avec le fisc

OBLIGATIONS FISCALES (TAXES, IMPÔTS ET AUTRES)

Le paiement d'impôt ou de taxe ne se fait pas toujours d'un élan naturel de la part du contribuable, surtout dans les sociétés où la gabegie administrative, la corruption, l'enrichissement illicite des hauts responsables de l'État caractérisent la gestion des fonds collectés. Joseph Paillant (2008) a souligné dans le code fiscal haïtien : « *On peut comprendre la frustration qui traverse une communauté lorsque le déséquilibre persiste entre les droits et les devoirs, entre les exigences et les contreparties, entre les impôts et les services publics...* » Pourtant, comme il est impossible à l'État de continuer à offrir les services de base sans la collecte des obligations fiscales, il est de mon devoir d'encourager tous les citoyens à remplir leurs devoirs envers le fisc en payant les impôts et taxes prévus par la loi. C'est pourquoi dans l'élaboration du budget personnel ou familial, il est nécessaire de prévoir les dépenses de redevances fiscales.

Le concept « impôt » est différent du concept « taxe ». Si nous nous référons au « Guide du contribuable haïtien » écrit par Jocelerme Privert (2013), la théorie classique considère l'impôt comme une contribution en monnaie obligatoire pour laquelle on n'attend rien en retour, car c'est le pouvoir autoritaire de qui l'exige. De ce fait, il n'existe pas de relations directes entre la satisfaction personnelle de l'individu et le montant de l'impôt qu'il doit payer. Tandis que la taxe représente le prix qu'on paie pour un service quelconque sollicité des autorités publiques pour la satisfaction d'un besoin *individualisable*. Dans ce cas, on peut dire que la taxe est la contrepartie que l'individu paie pour obtenir un service fourni par les personnes morales de droit public (État ou Municipalité par exemple).

Qu'il s'agisse de taxe ou d'impôt, tous les citoyens sont assujettis à certaines obligations fiscales envers l'État. Ils sont obligés d'inclure ces obligations dans leur budget personnel. Les plus courantes sont :

- Matricule fiscale
- Impôt sur le revenu
- Impôt locatif ou contribution foncière des propriétés bâties (CFPB) et permis de construire
- Timbre pour certificat de bonne vie et mœurs
- Timbre de passeport
- Droit de licence
- Autres redevances diverses

DONS

L'un des besoins de l'être humain est de se sentir utile dans sa communauté. Dans la forme financière, les auteurs exhortent à ne pas donner de l'argent qu'on n'a pas, mais si vous pouvez annuler une dépense non prioritaire, si vous pouvez vendre un objet que vous n'utilisez plus, faites-les et donnez aux personnes qui en ont besoin. Ils affirment que : « *l'esprit de donner est l'esprit d'abondance, et vivre dans l'attitude d'abondance vous bénira de plusieurs manières. Ceci dit, ne donnez pas aux œuvres de charité avec l'attitude qu'en donnant vous recevrez plus. Cela peut arriver, mais ne vous y attendez pas. Donnez pour donner. Donnez même si vous êtes vraiment fauché…* » Ils en croient tellement, qu'ils ont fait du don l'un des principes pour atteindre la croissance financière.

La générosité et l'altruisme sont des vertus à adopter dans tout système de régulation sociale. Pour vivre en communauté, il faut savoir partager. Comme souligne Christophe Bardyn (2016), citant René Descartes, « *la générosité est la clé de toutes les autres vertus.* » Pour les chrétiens, le partage est même une exigence si l'on se réfère aux prescrits de la Bible.

Donc, il est normal et même recommandé de fixer dans son budget un montant pour les dépenses suivantes :

- Dons divers et cadeaux
- Dimes et offrande religieuses
- Cotisations versées aux associations

DÉPENSES OCCASIONNELLES OU NON PRÉVISIBLES

La dernière catégorie de dépenses qui sera abordée dans cette série prendra en compte toutes celles qui n'appartiennent pas à l'une des rubriques spécifiques susmentionnées. Il est important de souligner que certains postes de la rubrique « dépenses occasionnelles ou non prévisibles » sont vitaux. De ce fait, il est obligatoire de constituer un fonds pour éviter d'être surpris par les dépenses qui suivent :

- Soins médicaux : Certaines visites médicales peuvent être projetées dans le futur si la situation n'est pas complexe. Mais dans bon nombre de cas, les malaises ressentis nécessitent qu'on se rende en urgence à un centre médical quelconque en vue de se faire examiner par un médecin. Comme il y aura les frais de consultation, l'achat de médicament et en fonction de la gravité du cas, l'hospitalisation, il faut que vous prévoyiez toujours un fonds d'urgence surtout si le ménage ne dispose pas d'une couverture d'assurance maladie.
- Sécurité : La sécurité collective est un devoir de l'État envers ses sujets. Parfois, en fonction de ce qui se passe dans l'environnement de l'individu, il peut chercher à renforcer les mesures de sécurité personnelles en se dotant de matériels de défense ou en payant les services d'une compagnie spécialisée.
- Soins du corps : certaines personnes sont plus rigoureuses en matière de fréquentation des studios de beauté et des « barber-shop », mais il est un fait indéniable qu'on aura besoin de se refaire une beauté, quel que soit le rythme choisi.
- Autres dépenses non programmées : En dépit de toutes les mesures qu'on peut prendre en vue de considérer le plus d'éléments possible et d'attribuer un montant à chacun d'eux, deux (2) cas sont inévitables ([i] il y aura toujours une sous-rubrique non considérée ou omise et [ii] un montant non suffisant dans l'une des sous rubriques prises en compte). De ce fait, ce fonds doit être constitué pour couvrir certaines dépenses qui ne font pas partie des sous-rubriques mentionnées plus haut ou pour couvrir quelques différences qui apparaitront.

CHAPITRE 13

DÉPENSES D'INVESTISSEMENT

Chris Brady et Orrin Woodward (2014), dans leur ouvrage intitulé la « Forme Financière », font une analogie à l'approche offensive utilisée dans les sports pour caractériser l'investissement. Les auteurs l'ont comparé au football américain et au baseball. Mais si nous voulons utiliser l'image de l'attaque ou l'offensive dans le langage du football, appelé soccer aux États-Unis, nous savons tous que pour gagner un match, il faut marquer le plus de buts que possible pour qu'il y ait une différence positive en comparant les buts encaissés aux buts reçus. C'est-à-dire si l'on encaisse 2 buts, on doit pouvoir marquer au moins 3 buts pour remporter la victoire. En fonction de l'équipe adverse, on peut utiliser plusieurs stratégies pour pouvoir atteindre le but : pénétration axiale, débordement latéral et central, tirs de loin, etc. Mais il faut rester concentrer sur l'objectif qui est de marquer des buts. C'est le même cas de figure en matière d'investissement comme moyens d'augmenter les recettes familiales. Les conditions d'investissement ne sont pas les mêmes partout. C'est pourquoi il faut apprendre à maitriser les stratégies qui peuvent s'adapter à votre environnement, car le moyen le plus sûr de marquer de nouveaux buts pour vaincre les difficultés financières est l'investissement.

Dans les parties précédentes de ce livre, on a mis beaucoup d'accents sur le principe qui préconise de prélever un minimum de dix pour cent (10 %) sur toutes les recettes personnelles avant même de commencer à prévoir les dépenses qui seront budgétisées. On considère ce montant comme la première des priorités. Mais pourquoi et quelle est son utilité effective ?

Pour aborder le bien-fondé de ce sacrifice, je vais reprendre une histoire racontée dans plusieurs autres ouvrages d'éducation financière comme « l'homme le plus riche de Babylone ». C'est l'histoire d'un village lointain qui se trouvait confronté à une grave pénurie d'eau. Le chef a réuni les notables et leur a proposé d'investir dans un projet qui consiste à amener l'eau au village. Parmi eux, deux (2) investisseurs ont manifesté leur intérêt. Le premier, se croyant plus intelligent, commençait dès le lendemain à exécuter son plan. Son plan consistait à envoyer des habitants de la zone recueillir l'eau de la source qui se trouve très loin du village pour ensuite amener l'eau en utilisant des seaux. Il a dû faire face à d'énormes difficultés au fur et à mesure qu'il exécutait son plan : les travailleurs ne pouvaient pas faire le trajet à toute heure de la journée et ils ne pouvaient pas s'y rendre lors des difficultés météorologiques. Ce qui causait assez souvent de la rareté. Les transporteurs étaient tellement nombreux que l'investisseur était obligé de dépenser d'importantes sommes d'argent pour payer les salaires et du coup, le prix de revient de l'eau était très élevé.

Le deuxième investisseur a passé environ six (6) mois pour mettre son plan à exécution. Il a mis du temps pour construire son pipeline. C'est-à-dire, il a capté l'eau à partir de la source et a mis en place un système de canalisation de gros diamètre pouvant conduire l'eau jusqu'au village. Il est vrai que la mise en œuvre de son projet avait pris plus de temps avant de pouvoir le mettre en exécution, mais il a résolu, une bonne fois pour toutes, le problème de l'eau dans le village. Une fois le deuxième projet inauguré, le coût de l'eau a chuté considérablement et les habitants ont préféré acheter là où l'eau coûte moins cher.

Nous avons repris cette histoire en vue d'attirer votre attention sur ce que vous faites actuellement par rapport à ce que vous pourriez accomplir si vous vous atteliez à construire votre pipeline. Cela signifie que vous devez accorder beaucoup plus d'importance à vos projets d'investissement. Voilà en effet l'essence des fonds qu'on vous exhorte à prélever obligatoirement avant même de budgétiser vos dépenses.

Le montant total des prélèvements susmentionnés peut être thésaurisé ou investi.

Qu'est-ce que la thésaurisation ?

Une définition assez basique de la thésaurisation nous renvoie à la considérer comme la conservation de richesse en dehors du circuit économique. Elle peut être constituée soit des billets de banque ou des pièces métalliques soit de certains objets ayant une valeur comme or et bijoux précieux. Une caractéristique des liquidités thésaurisées est qu'elles sont improductives c'est-à-dire qu'elles n'apportent aucune valeur ajoutée. Si l'on se réfère à une logique financière qui soutient qu'un dollar aujourd'hui ne vaudra plus un dollar demain, il est clair que dans un système où la monnaie perd de la valeur, il n'est pas intelligent de conserver tout son avoir sous forme de liquidité, car il perdra de la valeur quotidiennement. Donc il est conseillé d'INVESTIR, d'INVESTIR et d'INVESTIR.

L'investissement nécessite non seulement des sacrifices, mais il exige aussi l'apprentissage théorique et pratique. L'environnement entrepreneurial comporte beaucoup de risques, mais en élaborant de bonnes stratégies, on parviendra à écarter certains risques et franchir certains obstacles. Pour mieux appréhender les techniques, il est recommandé de lire des ouvrages qui traitent ces sujets, de suivre des cours spéciaux dans le domaine qui vous intéresse, de lire des articles appropriés et de vous renseigner auprès de consultants ou des firmes spécialisés. Dans ce chapitre, nous vous présenterons seulement les différents choix que vous aurez si vous voulez lancer votre propre affaire, car votre salaire n'a pas pour objectif de vous permettre de sortir du marasme économique, mais plutôt de vous permettre de subsister pendant les trente (30) jours du mois et de recommencer à travailler le mois prochain.

Les options d'investissement sont diverses. Pour choisir le meilleur, plusieurs critères sont requis :

- Quel est le niveau de vos ressources disponibles par rapport à l'investissement souhaité ?
- Détenez-vous l'expertise dans le domaine en question ou avez-vous des partenaires qui connaissent le secteur ?
- Les études de faisabilité technique, commerciale et financière offrent-elles une garantie pour la pérennisation du projet ?
- Quels types de risques que vous encourriez à long, à moyen et à court terme ?
- Quelles autres sources de financement peut-on trouver en cas d'insuffisance du capital personnel disponible ?
- Comment est règlementé le secteur dans lequel on veut investir ?

Ces critères sont valables pour tout type d'investissements qu'il soit dans le secteur de l'immobilier, qu'il s'agisse de placements, d'entreprise de service, d'entreprise commerciale, d'entreprise de transformation ou du secteur agricole.

IMMOBILIERS

Le secteur de l'immobilier renvoie à celui dans lequel se réalisent les différentes transactions d'achat, de vente, de location des biens immobiliers. Dans une certaine mesure, il touche aussi les activités connexes telles que le logement, la construction, la promotion, le conseil, l'urbanisme et l'architecture. Les biens mobiliers sont des biens qu'on peut déplacer tandis que les biens immobiliers ne peuvent pas se déplacer d'un espace à un autre. Dans la catégorie des biens immobiliers, on regroupe les terrains non construits et les bâtiments, quel que soit l'usage qu'on en fait (habitation, commerce, bureau, stockage, industrie et usage mixte).

Ce secteur est régi par les lois en vigueur. Par exemple, en Haïti, les articles 1367 et suivants du Code civil règlementent l'achat et la vente et les articles 448 et suivants du Code civil traitent de la propriété. Les attributions des arpenteurs sont prévues par le décret du 26 février 1975 et celles des notaires par celui du 27 novembre 1969.

Investir dans ce secteur requiert une compétence approfondie, car il y a des subtilités, si elles nous échappent, elles peuvent entrainer de grosses pertes, d'autant plus que ces investissements sont assez élevés.

Le financement de l'immobilier se fait le plus souvent par des emprunts hypothécaires. C'est pourquoi il est important d'analyser minutieusement les termes juridiques ainsi que les conditions financières.

Si certains considèrent tout achat d'un bien immobilier comme un investissement dans un actif, Robert T. Kiyosaki, conseiller financier et auteur très connu, prend le contre-pied et explique que l'achat d'un bien immobilier qui ne génère pas un revenu périodique doit être considéré comme un passif dans le cas où il aurait été financé par un emprunt. Donc, il faut faire très attention avant d'effectuer des dépenses d'immobilisation pour éviter qu'on se retrouve dans une situation où l'on n'est pas en mesure de satisfaire même ses besoins physiologiques[4].

Pour établir l'état des résultats d'un investissement dans le secteur de l'immobilier, on peut prendre en considération trois (3) éventualités :

1. On achète un bien immobilier en vue de le revendre :

Nom de l'entreprise / de la personne

Etat des Résultats

Pour la période terminée le...............

Produits d'exploitation :

Ventes brutes.. xxx

    Moins (Frais d'arpentage + Frais du notaire) .... (xxx)

Ventes nettes xxx

Prix de revient de l'immobilier

---

4   Selon Bodie et Merton (2011), dans leur ouvrage titré Finance, les investissements stratégiques peuvent finir en eau de boudin si le quotidien n'est pas bien géré.

Achat brut xxx

Plus Frais du notaire................................. xxx

Achats nets.. (xxx)

Marge bénéficiaire brute............................... xxx

Charges d'exploitation :

Frais de vente (Ex. Courtier…) xxx

Frais d'administration (Ex. Déplacement,

appels téléphoniques, gardien.................... xxx

Total des charges d'exploitation.................................... (xxx)

Résultat net (bénéfice ou perte) XXX

2. On achète un bien immobilier dans l'objectif de le louer ou de l'affermer :

Nom de l'entreprise / de la personne

Etat des Résultats

Pour la période terminée le..............

Produits d'exploitation :

Locations ou affermage.................................. xxx

Total Produits d'exploitation......................... xxx

Charges d'exploitation :

Courtier.. xxx

Réparations générales xxx

Paiement dettes antérieures (eau, électricité, autres).......... xxx

Autres dépenses xxx

Amortissement xxx

Total des charges d'exploitation........................ (xxx)

Résultat net (bénéfice ou perte) XXX

3. On participe dans l'intermédiation entre les acheteurs et les vendeurs :

Nom de l'entreprise / de la personne

Etat des Résultats

Pour la période terminée le...............

Produits d'exploitation :

Commissions gagnées... xxx

Plus : Autres frais perçus xxx

Total Produits d'exploitation.. xxx

Charges d'exploitation :

Frais de gestion du bureau xxx

Frais de déplacement xxx

Autres dépenses xxx

Total des charges d'exploitation................................ (xxx)

Résultat net (bénéfice ou perte)................................... XXX

PLACEMENTS

Dans le chapitre 9, on avait déjà abordé la notion d'épargne à terme qui génère un taux d'intérêt plus élevé que les autres types d'épargne parce qu'il constitue un investissement de la part du déposant. Cette catégorie d'investissement sera traitée comme des placements parmi tant d'autres.

Le placement est une opération qui consiste à immobiliser des capitaux en acquérant des titres financiers sur une durée qui peut être plus ou moins longue dans le but d'en tirer des revenus. Sa rentabilité est liée à une prise de risque dont certains sont plus élevés que les autres. Donc, ceci représente un élément indispensable à analyser avant de choisir un produit de placement.

Les transactions sur les placements se font sur les marchés financiers qui constituent d'une part la rencontre entre une offre et une demande de capitaux à long terme dont le support est une valeur mobilière (actions, obligations). D'autre part, ils (les marchés financiers) représentent le circuit de canalisation des fonds des agents à capacité de financement à ceux ayant besoin de financement.

Les marchés financiers peuvent être classifiés en plusieurs catégories en fonction de leur étendue, mais nous allons nous référer ici aux trois principaux types sur lesquels un individu ou n'importe quel autre agent économique peut faire des investissements :

- Le marché monétaire où circulent les titres de dette à court terme et qui est caractérisé par un échéancier inférieur à un an, des transactions liquides et un niveau de risque assez faible. En Haïti les placements les plus répandus qu'on utilise sur le marché monétaire, sont les épargnes à terme et un produit récent mis sur le marché par la Banque de la République d'Haïti (BRH) appelé « Obligations BRH. » Il est important de souligner, comme on tend souvent à les confondre, que les obligations BRH et les bons BRH sont deux titres financiers différents. Le premier est un produit financier offert au grand public par l'intermédiaire des banques commerciales, de certaines sociétés d'investissement et des caisses populaires tandis que le deuxième est un instrument de politique monétaire que la BRH utilise dans sa mission de défense de la valeur interne et externe de la monnaie nationale, la gourde. La vente de cet instrument n'est destinée qu'aux institutions financières.

- Sur le marché obligataire (marché de la dette à long terme), on négocie des titres financiers appelés obligations. Ce sont des instruments financiers qui peuvent être émis soit par une entreprise, soit par une collectivité publique ou par l'État. Les obligations sont des titres de créance qui sont remboursables à une date et pour un montant fixé à l'avance sur lesquels un taux d'intérêt est espéré. La valeur des obligations peut évoluer à la hausse ou à la baisse. Si en Haïti, on n'a pas vraiment un marché obligataire structuré, au Canada par exemple, on retrouve sur ce marché des obligations du gouvernement, des obligations provinciales et municipales ainsi que des obligations des entreprises.

- Sur le marché des actions, on échange les actions contre des valeurs financières. Les actions représentent des titres financiers qui donnent à son détenteur un droit de participation au capital d'une société anonyme qu'elle soit cotée ou non en bourse. Dans ce cas, le détenteur des actions appelé actionnaire a certains droits dans l'entreprise. La valeur d'une action peut fluctuer à la hausse ou à la baisse. On distingue les actions privilégiées et les actions ordinaires. Pour les actions privilégiées, les versements périodiques sont généralement fixes et le droit de vote est exclu. Tandis que pour les actions ordinaires, les versements périodiques peuvent varier d'année en année ; le droit de vote est considéré ; le droit à l'information est inclus ; et elles vous donnent droit de participation au produit de la liquidation de la société.

Le marché obligataire et le marché des actions forment le **marché des capitaux à long terme** appelé, la plupart du temps et par abus de langage, **marché des capitaux**. Outre ces types de marchés qui sont formels, dans certaines économies, il est possible de trouver des circuits non formels où l'on peut faire des placements assez juteux, mais avec un niveau de risque extrêmement élevé. Par exemple, on peut passer par l'entremise d'un usurier ou d'un prêteur sur gages pour accorder des crédits ou l'on peut investir directement en octroyant des prêts à des individus qui ont des besoins urgents de liquidité.

ENTREPRISES DE SERVICE

Les entreprises de service font partie du secteur tertiaire. Ce sont des unités économiques qui utilisent des compétences spécifiques pour produire des services bien déterminés. En tant qu'unité de production économique, la rentabilité financière doit être une priorité. Les services rendus se feront sur une base marchande c'est-à-dire l'échange entre le prestataire de service et le client s'établit sur la base d'un prix.

Selon une classification de la commission nationale des services en France, nous pouvons retenir les différents types d'entreprises suivants hormis les entreprises commerciales qu'on verra plus loin et quelques autres qui peuvent être spécifiques à une société quelconque :

- Les activités spécialisées, scientifiques et techniques regroupant un ensemble d'activité qui requièrent un niveau de formation élevé et apportant aux utilisateurs des connaissances et compétences spécialisées. Dans cette catégorie, on regroupe des activités juridiques et comptables, d'architecture et d'ingénierie, de contrôle, de publicité et d'études de marché.

- Les activités de services informatiques qui fournissent des appuis dans le domaine des technologies de l'information en général. Les principaux champs peuvent être développement, adaptation, test et maintenance de logiciels, planification et conception de systèmes informatiques, des logiciels et des communications, gestion et exploitation des installations informatiques et de traitement des données de clients et autres services professionnels et techniques.

- Les activités de transport et d'entreposage qui se rapportent à tout type de transport, qu'il soit régulier ou pas, qu'il utilise les voies terrestres, maritimes, aériennes ou ferroviaires et qu'il transite des passagers ou des marchandises. Cette catégorie comprend aussi les activités de poste et de courrier.

- Les activités de sécurité concernent les services d'enquêtes et de détectives, les services de garde et de patrouille, les services de transport de fonds, de reçus ou autres objets de valeur, l'exploitation de systèmes de sécurité et d'alarmes électroniques et la surveillance à distance de ces systèmes.

- Les activités d'hébergement et de restauration qui permettront de loger des visiteurs ou d'autres voyageurs pour des durées généralement courtes et qui fournissent des repas complets pour consommation immédiate. On peut parler des hôtels et des restaurants.

- Les services à la personne désignent un ensemble d'activités qui répond aux besoins des particuliers dans leur vie quotidienne par une offre diversifiée de prestation tels que ménage, garde d'enfants, assistance aux personnes âgées et handicapées, soutien scolaire, livraison de course, etc.

- Les activités relatives à la santé humaine et à l'action sociale. On y retrouve les services de soins assurés par les professionnels de la santé dans des établissements hospitaliers et d'autres structures médicales. On y inclut aussi des activités d'action sociale peu ou non médicalisées et des activités d'hébergement médico-social.

- Les activités d'art, de spectacles et de récréation. Ce sont des services qui répondent aux intérêts du grand public en matière de culture, de divertissement et de loisir. Elles comprennent les spectacles, les salles de jeu, les équipements sportifs et récréatifs.
- Les entreprises funéraires qui s'occupent du traitement des morts jusqu'à leur demeure finale.

Si ce classement couvre beaucoup de catégories d'entreprises de service, nous devons toutefois admettre que quelques types de petites et moyennes entreprises additionnels doivent être considérés tels que les salons de beauté, les maisons de décoration, les centres de réparation d'automobile communément appelés garages, les centres de soin pour les animaux, etc.

ENTREPRISES COMMERCIALES

À l'instar des entreprises de service, les entreprises commerciales appartiennent au secteur tertiaire. Leurs activités principales concernent l'achat et la revente de biens locaux ou importés. Dans certaines législations, on tend à classer tous les types d'entreprises comme actes commerciaux. On peut prendre en exemple le code de commerce haïtien et le code de commerce français. Toutefois, dans un sens plutôt courant, on les assimile aux entreprises qui pratiquent la vente et non la production des marchandises.

L'acheminement des biens aux consommateurs finals peut suivre soit un circuit court c'est-à-dire directement du producteur au client final ou un circuit de distribution qui comporte plusieurs niveaux d'intermédiaires, dont la chaine peut se résumer ainsi : Producteur – Grossiste – Semi-grossiste – Détaillant – Consommateur final. Ce schéma a une influence sur le prix de la marchandise, car au fur et à mesure qu'il existe plus d'intermédiaires, le prix augmentera par le fait que chacun cherchera à dégager une marge bénéficiaire.

Tous les biens produits qui ne sont pas acheminés au consommateur final directement passent par le circuit d'un intermédiaire au moins et font partie de l'une des catégories suivantes parmi tant d'autres :

- Vente de produits alimentaires,
- Vente de matériels de poterie,
- Vente de véhicules et de pièces de rechange,
- Vente de produits pour animaux,
- Vente de jouets pour enfants,
- Vente de boissons alcoolisées,
- Vente de matériaux de construction
- Vente de vêtements, sous-vêtements et tissus,
- Vente de matériels électroménagers,
- Vente d'équipements sportifs,
- Vente de matériels électroniques,
- Vente de produits de beauté ou cosmétiques,
- Vente de produits médicaux et pharmaceutiques,
- Vente de meubles et d'accessoires,
- Vente de matériels scolaires et éducatifs,
- Vente de matériels professionnels,
- Supermarchés
- Vente de marchandises non spécialisées.

ENTREPRISES DE TRANSFORMATION

Les entreprises de transformations qui peuvent être aussi des industries constituent ce qu'on appelle le secteur secondaire. On le définit comme étant le secteur qui regroupe les activités liées à la transformation des matières premières issues du secteur primaire. Les produits élaborés vont donner lieu à des valeurs ajoutées dans la mesure où des efforts financiers additionnels sont consentis pour atteindre non seulement le seuil de rentabilité, mais aussi dégager une marge de profit qui rémunèrera les investisseurs outre l'utilisation des intrants matériels, de l'énergie en termes de ressources humaines.

Les entreprises de transformation occupent une part modeste dans le PIB (Produit Intérieur Brut) des pays développés. Toutefois, elles ont une importance capitale, car elles fournissent des emplois d'ingénierie et elles encouragent des activités de recherche et de développement dans le secteur tertiaire.

En fonction des activités et selon les matières premières utilisées, on peut dénombrer une grande variété d'entreprises dans le secteur de transformation telles que :

- L'agroalimentaire qui a pour objet la transformation des matières premières provenant de l'agriculture et de l'élevage en des produits alimentaires destinés à la consommation des individus. C'est une variante de l'agro-industrie.
- La métallurgie est la science qui s'occupe des traitements, des propriétés et de l'élaboration des métaux. Par extension, on l'utilise aussi pour la catégorie d'industrie qui transforme et fabrique les métaux et les alliages.
- L'industrie chimique consiste à transformer des biens primaires ou intermédiaires en produits chimiques pouvant répondre à des besoins spécifiques. On peut la diviser en deux (2) groupes : la chimie lourde qui donne lieu à des produits de base et la chimie fine qui utilise les produits de base pour synthétiser de nouveaux produits finis.
- L'industrie pharmaceutique s'implique dans la transformation de produits de base en médicaments pour la prévention ou le traitement de certaines maladies. Elle tient aussi à leur conditionnement et à leur commercialisation.
- Les industries du vêtement qui peuvent être sous-divisées en industrie textile et celle de l'habillement. La première concerne la fabrication des tissus et la deuxième la confection des vêtements comme produits finis.
- Les industries mécaniques qui produisent des machines de toute sorte et des véhicules à partir de pièces préfabriquées.
- Les industries électroniques sont formées par l'ensemble des entreprises qui fabriquent les composants, circuits et appareils électroniques.
- Les industries énergétiques et environnementales qui produisent et distribuent de l'électricité, du gaz et de l'eau.

La liste des catégories des industries de grandes productions aurait pu se prolonger, mais pour une bonne partie des lecteurs, il est aussi important de fixer le projecteur sur des industries de transformation à petite échelle, car elles peuvent représenter des opportunités de relance financière pour les petites bourses :

- La cordonnerie
- La couture
- La transformation des céréales en vin
- La production de détersifs liquides pour faire la lessive, pour laver les vaisselles et pour le nettoyage de la maison
- La cuisine et la pâtisserie
- L'artisanat

LE SECTEUR PRIMAIRE

À la différence des deux autres secteurs cités précédemment, le secteur primaire est le seul dont la finalité est d'extraire des ressources provenant directement de la nature. L'Institut National de la statistique et des études économiques (INSEE, 2016) définit le secteur primaire comme étant *le regroupement de l'ensemble des activités dont la finalité consiste en une exploitation des ressources naturelles :*

- *Agriculture*
- *Pêche*
- *Forêts*
- *Mine*
- *Gisements*

Il s'y ajoute l'élevage comme une autre activité distincte de ce secteur.

Une autre classification de ce secteur peut se résumer en fonction de ces trois grandes catégories :

- Celles qui exploitent des produits alimentaires tels que la production de blé, de viande, de lait, de poisson, d'eau potable, de fruits, etc. On inclut dans cette catégorie tout ce qui est directement comestible.
- Celles qui exploitent des ressources naturelles telles que les pierres, le ciment, les sables, les matériaux, le bois, etc. Elles sont connues sous le nom de matières premières.
- Celles qui font de l'exploitation dans le domaine énergétique comme l'utilisation de l'eau ou du vent pour la production électrique.

BUDGET FAMILIAL PREVISIONNEL

Rubriques	Période 1	Période 2	Période 3	Période 4	Total
Rentrées de fonds ou recettes					
Salaire 1					
Salaire 2					
Boni					
Primes					
Per diem					
Autres Allocations					
Retours financiers sur les projets d'investissement					
Dons ou subventions					
Prêts					
Autres sources de revenus					
TOTAL RECETTES					
Dépenses de consommation					
Alimentation					
Nourritures					
Boissons non alcoolisées					
Dessert					
Logement					
Locataire					
Loyer					
Améliorations locatives					
Entretien					
Réparations objets brisés					
Montant de garantie					
Frais du courtier					
Propriétaire					
Remboursement hypothécaire					
Réparations et agrandissement					
Assurance					

Autres charges ménagères				
Electricité				
Eau				
Système de cablage				
Gaz Propane				
Salaires personnels d'entretien				
Autres				
Ammeublement et équipements électroménagers				
Lits				
Chaises				
Tables				
Armoires				
Téléviseur				
Réfrigérateur				
Ventilateur				
Four				
Autres				
Habillement				
Vêtements				
Chaussures				
Sous-vêtements				
Bijoux				
Accessoires				
Education				
Frais d'entrée				
Uniformes				
Fournitures classiques				
Livres				
Autres frais scolaires				
Paiement d'heures suplémentaires				
Argent de poche				
Ouvrages personnels				
Diplômes post baccalauréats				
Séminaires et conférences				
Cours en ligne				
Autres				
Communication				

Achat de téléphone				
Unités d'appel				
Plan Internet				
Réparation de téléphone				
Autres accessoires				
Ordinateurs et autres équpements informatiques				
Programmes informatiques				
Autres				
Déplacement				
Achat de matériels de déplacement				
Réparation matériel de déplacement				
Assurance et frais de légalisation				
Carburant				
Abonnement périodique				
Autres charges de déplacement				
Loisirs et culture				
Plages et piqueniques				
Sorties nocturnes				
Cinéma / Théatre				
Boissons acoolisées et autres				
Vacances / Croisières				
Sport				
Autres activités de divertissement				
Frais financiers				
Intérêts sur prêts				
Cartes de crédit				
Frais des chéquiers				
Frais des attestations bancaires				
Frais des virements bancaires				
Paiement d'assurance				
Frais de transfert de fonds				

Autres services financiers				
Redevances fiscales				
Impôts sur le revenu				
Impôts locatifs				
Permis de construire				
Matricule fiscale				
Timbre pour certificat de bonne vie et moeurs				
Timbre de passeport				
Droit de license				
Autres redevances diverses				
Dons				
Dons divers et cadeaux				
Dimes et offrandes religieuses				
Cotisations versées aux associations caritatives				
Dépenses occasionnelles				
Soins médicaux				
Sécurité				
Soins du corps				
Dépenses non programmées				
TOTAL DEPENSES DE CONSOMMATION				
Dépenses d'investissement				
Immobilier				
Achat de biens en vue de revendre				
Achat de biens pour louer				
Entreprise d'Intermédiation				
Placements				
Epargne à terme				
Obligations				
Actions				

Investissement sur le marché informel					
Autre titres financiers					
Entreprises de service					
Activités techniques					
Activités de services informatiques					
Activités de transport et d'entreposage					
Activités de sécurité					
Activités de centres d'appel					
Activités d'hébergement et de restauration					
Services à la personne					
Activités de santé humaine et d'action sociale					
Activités d'art et de récréation					
Services funéraires					
Autres et PME					
Entreprise commerciales					
Produits alimentaires					
Matériels de poterie					
Véhicule et pièces de rechange					
Produits pour animaux					
Jouets pour enfants					
Boissons alcoolisées					
Matériaux de construction					
Vêtements et tissus					
Matériels électroménagers					
Equipements sportifs					
Matériels électroniques					
Produits cosmétiques					
Médicaments et matériels médicaux					

Meubles et accessoires					
Matériels scolaires et éducatifs					
Matériels professionnels					
Supermarchés					
Marchandises non spécialisées					
Autres marchandises					
Entreprises de transformation					
Agroalimentaires					
Métallurgie					
Industrie chimique					
Industrie pharmaceutique					
Industrie du vêtement					
Industrie mécanique					
Industrie électronique					
Industrie énergétique et environnementale					
Cordonnerie					
Couture					
Céréales en vin					
Détersifs liquides					
Cuisine et patisserie					
Artisanat					
Secteur primaire					
Agriculture					
Pêche					
Forêt					
Mines					
Gisement					
Elevage					
TOTAL DÉPENSES D'INVESTISSEMENT					
TOTAL DÉPENSES					
RESIDUEL BUDGÉTAIRE					

QUATRIÈME PARTIE

APPLICATION DU BUDGET ET SON IMPORTANCE POUR LES FOYERS

Dans le langage haïtien, on utilise un proverbe assez populaire pour comparer la complexité qui différencie le dire et le faire. En créole, on dit souvent, « Mennen koulev la lekol se youn, fe l chita se de. » En français, on pourrait dire que « les bonnes intentions ne suffisent pas. » En créole ou en français, il consiste à attirer l'attention des beaux parleurs sur la nécessité de poser des actions concrètes, car les connaissances théoriques sont abstraites, mais une bonne application reste et demeure la clé du succès.

En ce qui concerne l'éducation financière personnelle, bon nombre d'ouvrages en parlent et tentent de fournir des conseils dont certains s'avèrent plus efficaces que d'autres. Certains ouvrages donnent des exemples assez concrets ou assez motivants et qui prennent en compte des milieux et des périodes différents. C'est pourquoi il est important de savoir adapter votre cas aux meilleures options en vue de parvenir aux meilleurs résultats.

Tel que mentionné dans le titre de l'ouvrage, le budget familial est indispensable à la santé financière du foyer. Mais la grande question est de savoir à quel niveau il est plus important d'utiliser le budget ou quels sont effectivement ses impacts sur l'amélioration des conditions de vie de son utilisateur.

L'application du budget est non seulement recommandé, mais aussi obligatoire pour tous ceux qui se sentent inconfortables dans leur situation financière actuelle grâce à ce qu'il peut apporter comme révolution et liberté. L'absence de budget peut vous donner une fausse opinion de votre condition économique globale ; de ce que vous êtes en mesure de faire ou ce que vous n'êtes pas capables d'accomplir. En l'absence de budget, vous ratez des opportunités d'investissement qui peuvent exister et qui auraient pu être à votre portée. L'absence du budget pousse des gens fortunés et non fortunés à se noyer dans des dettes inutiles. En résumé, quand on n'a aucune idée de ses ressources ni de leurs utilisations, il est très facile d'échouer sur le plan financier.

Cette partie a pour objectif de vous présenter quelques stratégies pratiques qui peuvent vous permettre d'appliquer le budget, quels que soient vos revenus, quel que soit le lieu de votre résidence et quelle que soit la génération à laquelle vous appartenez. En même temps elle consiste à présenter les avantages qu'un tel document peut avoir comme effets positifs pour celui qui décide de l'utiliser comme guide d'orientation strict et régulier.

Les deux chapitres qu'on verra dans cette partie sont :

- Stratégies d'application du budget
- Utilités du budget pour les foyers.

N.B. Le chapitre 14 sera muni d'un tableau qui vous permettra de comparer les dépenses réelles des dépenses budgétisées afin de mieux évaluer les stratégies mises en œuvre pour mieux gérer les finances personnelles.

CHAPITRE 14

STRATÉGIES D'APPLICATION DU BUDGET

À travers ce chapitre, des procédures seront avancées pour mieux comprendre quoi faire en vue de transformer radicalement votre situation financière actuelle. Ce changement passera par des stratégies comme :

- Se libérer de ses dettes
- Effectuer des retraits hebdomadaires pour le strict nécessaire
- Utiliser la technique des enveloppes

SE LIBÉRER DE SES DETTES

« Les esclaves modernes ne sont plus enchainés, ils sont endettés », dit-on. Cette réflexion a une signification assez profonde si l'on tient compte des sacrifices qu'on doit consentir pour honorer le service de la dette, c'est-à-dire supporter les versements périodiques incluant les frais inhérents. Cette situation de dépendance vous lie directement à des occupations qui vous éloignent de plus en plus de vos rêves et de vos objectifs financiers. Vous vous sentez alors prisonniers d'un lourd fardeau et vous n'êtes pas en mesure de répondre, dans certains cas, même à vos besoins de base. Le pire n'est pas la dette en soi, mais les situations de crédit subséquentes que cela va occasionner jusqu'à ce qu'on se rende compte qu'on ne peut plus descendre, car on a atteint le bas fond (incapacité de paiement).

La dette est un procédé largement utilisé par les individus ou les ménages qui n'arrivent pas à couvrir leur budget à partir de leurs ressources propres à cause de dépenses excessives. Le choix de l'une des différentes options (dettes à court terme ou dettes à long terme) qui ont été déjà présentées au niveau du chapitre neuf (9) peut se faire en fonction :

- Du montant nécessaire,
- De la proximité,
- De l'urgence,
- Du taux d'intérêt,
- De l'échéance,
- Des suivis administratifs, etc.

Il faut rappeler que le recours à la dette devrait être analysé minutieusement et certains ouvrages recommandent même de s'en éloigner le plus que possible si l'on veut améliorer sa finance personnelle. Toutefois, des individus sont obligés de contracter des prêts soit parce qu'ils n'avaient aucune autre option, soit ils ignoraient les effets défavorables d'une telle décision. À tous ceux qui subissent le poids du surendettement, il est obligatoire de trouver un mécanisme permettant de remonter la pente dans le but d'atteindre la stabilité financière. Donc les étapes suivantes sont inévitables pour quelqu'un qui est conscient de la nécessité de changer de direction en acquittant ses dettes :

- Élaboration du budget
- Disponibilité des recettes
- Prélèvement du pourcentage à sauvegarder
- Paiement de la partie de la dette à éponger majorée des charges d'intérêt
- Prise en compte des autres dépenses nécessaires de la période

Élaboration du budget

Dans le chapitre 6, on avait essayé de poser les différentes étapes qui permettent d'avoir un meilleur budget. La préparation passe par une évaluation en profondeur des dépenses prioritaires en vue de mieux canaliser les recettes prévues pendant la période. Si les recettes ne permettent pas de couvrir les dépenses, il faut procéder à de nouvelles estimations des dépenses en essayant de les réduire au minimum. La grande préoccupation à ce stade est de pouvoir arriver, au moins, au point d'équilibre qui est caractérisé par des niveaux égaux de recettes et de dépenses pour la même période. Nous avions aussi signalé que l'élaboration du budget représente une étape majeure dans la quête de l'amélioration des conditions financières.

Disponibilité des recettes

Les ressources qui permettent de financer les dépenses proviennent certainement des différentes catégories de recettes du foyer qui peuvent être des salaires, des dons, des rendements sur les investissements et tout autre type généralement quelconque. Si dans le budget, ces montants étaient des estimations ou des prévisions, dans la pratique, leur collecte constitue la première phase de l'application du budget. C'est-à-dire l'individu commencera par allouer, à chaque poste de dépenses, le montant correspondant à partir de la réception des fonds. En d'autres termes, une fois que le fonds est disponible, le détenteur sera en mesure de l'utiliser en fonction de ses priorités et de ses besoins immédiats. Une nuance qu'il faut signaler est que dans certains cas les salariés reçoivent la totalité de leur recette à la fin du mois. S'ils ne disposent pas de fonds d'anticipation, ils doivent considérer les montants à recevoir pour le mois courant comme recette du mois suivant, dans l'élaboration de son budget.

Prélèvement du pourcentage à sauvegarder

Dans toutes les stratégies qui seront présentées, le pourcentage initial à prélever est obligatoire. Même si l'on avait apporté des précisions, il est important de vous rappeler que ce montant symbolise l'effort que vous faites pour sortir du labyrinthe financier où certains d'entre vous sont prisonniers. Pour décrire ce labyrinthe, Robert T. Kiyosaki parle de foire d'empoigne ou piège à rats dans son produit éducatif conçu à l'intention des familles qui veulent atteindre la liberté financière. La voie recommandée pour faire face à ces difficultés est de constituer au jour le jour sa fortune en construisant son pipeline comme on l'avait expliqué dans le chapitre précédent. Le pourcentage à prélever peut être fonction de plusieurs de ces critères dont les uns peuvent s'avérer plus déterminants que les autres :

- Le résiduel budgétaire. C'est-à-dire la différence entre les recettes et les dépenses.
- L'objectif à court, moyen et long terme de la personne ou du ménage
- Le niveau d'éducation financière du principal conseiller financier de la famille.
- Les opportunités financières offertes par l'environnement immédiat ou moins proche de l'individu.

Comme on l'avait conseillé, ce pourcentage d'un minimum de dix pour cent (10 %) n'est pas un prélèvement facultatif, mais une exigence qui constituera la base de votre succès financier tel qu'on l'avait démontré à partir des investissements.

Paiement de la partie de la dette à éponger

L'une des sous-étapes à considérer dans l'élaboration du budget est l'évaluation des dépenses prioritaires. C'est ce qui va faire la différence entre cette stratégie et les autres, car si pour les autres on tend à classer toutes les dépenses indispensables dans le même panier, dans ce cas il est important de penser à prélever, comme on l'avait mentionné dans le point précédent, le niveau qu'on peut supporter pour diminuer au fur et à mesure le montant total de la dette.

Une méthode prescrite dans « La Forme Financière » (2014) afin de se libérer le plus vite que possible des chaines du surendettement est le déroulement de haut en bas. Pour appliquer ce procédé, il faut d'abord s'engager à vivre à l'intérieur de ses revenus c'est-à-dire d'éviter d'avoir recours à de nouvelles dettes en réduisant à un niveau minimal ses dépenses. La deuxième étape consiste à déterminer le montant total de chacune des dettes spécifiques. Ensuite, suivant un calcul rationnel, on provisionne un montant mensuel permettant de réduire chaque catégorie de dette séparément et au paiement complet de chacune, son montant est ajouté à celle qui lui est la plus proche à droite dans le tableau ci-dessous jusqu'au moment où l'on parvient à éradiquer totalement ses dettes.

Essayons de mieux l'appréhender à partir d'un exemple pratique. Monsieur Fortuné a 3 types de dettes. Une première de quatre mille (4 000,00) gourdes envers un proche, une deuxième de seize mille (16 000,00) gourdes sur sa carte de crédit et la troisième qui est un emprunt qu'il avait contracté dans une institution de microfinance de la zone dont la balance est de trente mille (30 000,00) gourdes et les versements mensuels fixes de deux mille cinq cents (2 500,00) gourdes. Après avoir lu cet ouvrage, il décide de se débarrasser dans le plus bref délai de toutes ces dettes en prévoyant de remettre mille (1 000,00) gourdes par mois sur la dette envers son proche (qui a accepté cette modalité) et mille cinq cents (1 500,00) gourdes sur la carte de crédit qu'on avait bloquée. En se basant sur le déroulement de haut en bas, le tableau suivant donne une idée du niveau des dettes de monsieur Fortuné à la fin de chaque mois :

	Dette envers son proche		Dette sur la carte de crédit		Dette envers la caisse Populaire	
	Versement	Balance	Versement	Balance	Versement	Balance
Mois 1	1 000,00	3 000,00	1 500,00	14 500,00	2 500,00	27 500,00
Mois 2	1 000,00	2 000,00	1 500,00	13 000,00	2 500,00	25 000,00
Mois 3	1 000,00	1 000,00	1 500,00	11 500,00	2 500,00	22 500,00
Mois 4	1 000,00	0,00	1 500,00	10 000,00	2 500,00	20 000,00
Mois 5			2 500,00	7 500,00	2 500,00	17 500,00
Mois 6			2 500,00	5 000,00	2 500,00	15 000,00
Mois 7			2 500,00	2 500,00	2 500,00	12 500,00
Mois 8			2 500,00	0,00	2 500,00	10 000,00
Mois 9					5 000,00	5 000,00
Mois 10					5 000,00	0,00
Mois 11						
Mois 12						

Il faut remarquer que monsieur Fortuné a consenti des efforts, tenant compte de son salaire, pour prélever chaque mois cinq mille (5 000,00) gourdes pour réduire ses dettes et à la fin du dixième mois, il a pu honorer la totalité de ses engagements financiers. Cette stratégie requiert beaucoup de sacrifices, mais, en faisant preuve de détermination, il lui était possible de surmonter les plus durs obstacles pour atteindre ses objectifs.

Prise en compte des autres dépenses nécessaires de la période

Comme il a été le cas dans l'élaboration du budget, il est important de continuer à prioriser les dépenses même quand il s'agit de surplus de recettes qui n'ont pas été budgétisés. Quand on fait le choix de se débarrasser de ses dettes en premier comme stratégie, il faut admettre que certaines dépenses non nécessaires doivent être réduites ou même radiées pendant la période des remboursements. Pour ce, vous êtes obligé de vous armer de courage pour dire non à certains désirs avides et de changer certaines activités farfelues qui sont de nature budgétivore c'est-à-dire qui consomment beaucoup de ressources dans votre budget.

EFFECTUER DES RETRAITS HEBDOMADAIRES POUR LE STRICT NÉCESSAIRE

La deuxième stratégie proposée est caractérisée par un contrôle en profondeur des dépenses hebdomadaires qui se matérialise dans l'une des facettes de ce qu'on appelle, en économie, le « cash management. » C'est un procédé qui vous permet de mieux gérer vos recettes en ne dépensant que ce que vous rentrez pendant la période. De manière pratique, l'individu accepte de faire des sacrifices pour ajuster son encaisse (le fonds liquide disponible) sur une base hebdomadaire à ses justes besoins de la semaine.

Les étapes initiales, telles que : l'élaboration du budget, la disponibilité des recettes, le prélèvement du pourcentage à sauvegarder sont pratiquement les mêmes dans les différentes stratégies qui sont proposées ici. La démarcation va se faire à partir du choix effectif des dépenses en fonction de leur ordre de priorité c'est-à-dire à partir des dépenses réelles. Il y a un aspect assez fondamental qu'il faut souligner à nouveau : il existe un monde de différence entre les prévisions et la réalité. Malgré toutes les dispositions qu'on peut prendre et qu'on doit prendre pour rapprocher le budget des dépenses réelles, plusieurs facteurs insaisissables peuvent modifier les plans prévus. Toutefois, l'exécution des dépenses dans la réalité peut passer par plusieurs procédures dont l'une est la suivante :

- Évaluation des dépenses hebdomadaires
- Choix des dépenses obligatoires
- Retrait sur le compte bancaire
- Exécution des dépenses avec austérité

Évaluation des dépenses hebdomadaires

Dans le budget, en tenant compte des besoins de base de l'individu ou de la famille, des besoins spécifiques de la semaine et des éventualités qui peuvent survenir, on peut déterminer quels types de dépenses auxquels on aura à faire face pendant la semaine. Les besoins de base peuvent être représentés par certaines dépenses de nourriture, de déplacement, de communication ou toutes autres qui s'avèrent régulières tandis que les besoins spécifiques se rapportent à des activités qui concernent exclusivement la semaine en question comme un anniversaire, un voyage, une visite médicale programmée, etc. On ne peut pas prédire l'avenir de manière certaine, c'est pourquoi il est toujours recommandé de mettre de côté un montant pour supporter des dépenses éventuelles qui peuvent être des accidents, des cas de maladie subite ou d'autres.

Un autre procédé, qui serait moins conseillé, pour évaluer les dépenses hebdomadaires, consiste à se référer au montant des dépenses totales dans le budget mensuel et à le diviser par quatre (4). Toute sa faiblesse est liée non seulement à une estimation faussée des besoins de la semaine dès le départ, mais aussi à la possibilité d'occasionner des dépenses inutiles.

Choix des dépenses obligatoires

La détermination de toutes les dépenses à exécuter durant la semaine est nécessaire pour mieux cerner les besoins. Mais le fait est que, dans bon nombre de cas, les ressources disponibles ne sont pas suffisantes pour couvrir la totalité des charges de la période. De ce fait, une nouvelle évaluation est nécessaire pour trier celles qui sont indispensables. Pour faire le tri, il est nécessaire d'être le moins émotionnel que possible, car l'un des obstacles majeurs à une bonne gestion des ressources financières personnelles est le fait de consommer émotionnellement et non rationnellement. Il faut se rappeler que la satisfaction des besoins physiologiques suivant la pyramide de Maslow devrait primer sur tous les autres, car ils constituent les éléments vitaux qui nous permettent de continuer à exister et à nous maintenir dans les conditions de fonctionnement optimales.

Un autre aspect dans la nouvelle évaluation des dépenses est de pouvoir réduire certains coûts en utilisant des produits ou des stratégies moins dispendieuses. L'application de ce principe requiert de prendre des limites par rapport à la prétention qui nous anime et qui nous fait penser que nous pouvons aller au-delà de nos moyens en affichant un comportement de m'as-tu-vu.

Retrait sur le compte bancaire

L'essence même de cette stratégie est d'éviter de disposer de trop de liquidité, ce qui pourrait occasionner une utilisation non rationnelle des ressources disponibles. Le meilleur moyen de l'appliquer est de conserver vos recettes sur un compte dans une institution financière qui accepte les dépôts à vue telles que les banques ou les coopératives. Si les rentrées de fonds vous sont parvenues en chèque ou en espèces, il serait préférable ou plus prudent de les déposer le plus vite que possible sur votre compte en vue de mieux planifier les dépenses et d'éviter celles qui sont de nature folle. Une fois que les dépenses ont été choisies sur la base de principes financiers fiables et de manière raisonnable, vous pouvez vous rendre à nouveau à l'institution financière pour retirer le montant nécessaire en vue d'exécuter les dépenses retenues. Le retrait peut se faire en début ou en fin de semaine, mais étant donné qu'il est plus facile d'engager des dépenses futiles en weekend, le mieux serait de l'effectuer au début de la semaine.

Exécution des dépenses avec austérité

En économie, une politique d'austérité ou de rigueur peut se résumer en une gestion stricte des ressources publiques tout en faisant des efforts pour réduire le plus que possible les dépenses non essentielles. Ce principe est appliqué dans le souci d'améliorer les résultats budgétaires surtout en période de déficit considérable.

Cette même théorie est applicable dans le cas de ménages qui se sentent en situation économique difficile. C'est pourquoi il est nécessaire de pouvoir identifier de manière claire les différentes dépenses qui ne sont pas nécessaires pour la période afin de mieux se concentrer sur les plus importantes. Même s'il n'y a pas une méthode généralement admise pour classifier toutes les dépenses en fonction de leur degré d'importance, comme on l'avait signalé dans le choix des dépenses à budgétiser, les besoins de se nourrir et de se loger devraient être priorisés. Ces exigences, une fois satisfaite, la personne peut choisir quelles autres charges devraient être couvertes par la balance non utilisée en fonction de son jugement et sur une base rationnelle. Il est important d'attirer votre attention sur le respect de la limite des dépenses en tenant compte du montant disponible pour la semaine c'est-à-dire le montant du retrait et aussi de ce qu'on avait prévu dans le budget.

UTILISER LA TECHNIQUE DES ENVELOPPES

Les enveloppes sont utilisées dans les administrations pour expédier des documents de l'institution à une personne physique, d'un département à un autre ou de l'institution à une autre. On s'en sert aussi pour transmettre de l'argent, car suivant les bonnes manières qui découlent de traditions anciennes, on ne donne pas de l'argent à quelqu'un sans l'envelopper.

La première fois que j'ai eu à faire connaissance de la technique des enveloppes, c'était en lisant la « Forme Financière (2014). » Le troisième principe enseigne que l'une des techniques qui peut aider à rester à l'intérieur du budget est l'utilisation du système d'enveloppe d'argent. Cette stratégie me paraissait tellement fascinante que je me suis lancée dans des recherches approfondies afin de pouvoir la mettre en application.

La technique des enveloppes est une stratégie qui consiste, à partir des rubriques et des sous-rubriques prévues dans le budget, à identifier des enveloppes et à y insérer les montants budgétisés pour la période considérée. Il convient de noter que les étapes préliminaires restent inchangées dans l'application de toutes les stratégies. Ainsi, on va retrouver les étapes suivantes dans un processus de concrétisation de cette technique :

- L'identification des enveloppes
- Le retrait et l'approvisionnement des enveloppes
- L'exécution des dépenses
- Le report des dépenses

L'identification des enveloppes

L'utilisation des enveloppes comme moyen de contrôles des dépenses personnelles est un processus assez simple, mais très efficace. Pour appliquer cette méthode, il faut se référer au budget, ensuite en fonction de l'importance des rubriques et des sous-rubriques, on choisit celles qui sont les plus pertinentes afin d'identifier leurs enveloppes correspondantes.

Exemples : *Alimentation* *Éducation* *Loisirs et culture*

Le retrait et l'approvisionnement des enveloppes

Une fois que le budget a été conçu, les recettes disponibles, et que les enveloppes sont identifiées correctement, il est maintenant possible de se rendre à l'institution financière pour faire le retrait. Tel que conseillé dans les stratégies précédentes, il est nécessaire de regarder à nouveau la disponibilité effective des recettes avant de procéder au choix des dépenses réelles. Dans la mesure du possible, lors du retrait, il faut, outre le pourcentage du prélèvement obligatoire, laisser de côté un montant qui sera épargné pour des besoins de consommation supplémentaires. Sur cette base, le retrait est effectué pour toute la période.

Une fois que le retrait aura été effectué, l'individu aura à sa disposition un montant en liquide et il sera en mesure de renflouer chaque enveloppe selon les calculs établis préalablement qui sont des résultants de la nouvelle estimation des dépenses réelles.

L'exécution des dépenses

Arrivé à la phase pratique des dépenses, il est opportun d'attirer l'attention sur une plus grande disponibilité de liquidité. Ce qui implique qu'il faut faire beaucoup plus d'attention pour éviter des dépenses non nécessaires ou non budgétisées. Il faut aussi respecter scrupuleusement le montant qui est alloué à chacune des enveloppes. Dans des cas exceptionnels où l'on doit prélever des fonds dans une autre enveloppe pour combler le manque constaté dans une enveloppe, on doit le considérer comme un ajustement à effectuer si celle utilisée parvient à accuser aussi une différence négative avant la fin de la période. C'est pourquoi il faut faire beaucoup d'efforts pour éviter de dépasser la limite des montants disponibles dans chaque enveloppe.

Le report des dépenses

Au fur et à mesure que les dépenses se matérialisent, les montants qui se trouvent dans les enveloppes diminuent. Cette diminution ne constitue pas l'objet final du processus, car tout système de gestion, pour se perfectionner, doit subir un contrôle efficace pour mesurer ses impacts ainsi que ses forces et faiblesses. C'est pourquoi dans l'un des chapitres de la deuxième partie, nous avions considéré le budget comme un document d'évaluation.

Le caractère évaluatif du budget se concrétise dans la comparaison entre les éléments prévisionnels et la situation réelle. Pour cela, il est extrêmement important de noter ou de reporter toutes les dépenses exécutées pendant la même période pour laquelle le budget a été élaboré. Le report peut se faire de manière vague en n'inscrivant que le montant ou de manière détaillée en tenant compte de tout ce qui caractérise la sortie de fonds comme la date, le montant, l'explication et toutes autres informations pertinentes relatives.

ANALYSE DES ECARTS

Rubriques	Montant budgétisé	Montant réel	Écart
Rentrées de fonds ou recettes			
Salaire 1			
Salaire 2			
Boni			
Primes			
Per diem			
Autres Allocations			
Retours financiers sur les projets d'investissement			
Dons ou subventions			
Prêts			
Autres sources de revenus			
TOTAL RECETTES			
Dépenses de consommation			
Alimentation			
Nourritures			
Boissons non alcoolisées			
Dessert			
Logement			
Locataire			
Loyer			
Améliorations locatives			
Entretien			
Réparations objets brisés			
Montant de garantie			
Frais du courtier			
Propriétaire			
Remboursement hypothécaire			
Réparations et agrandissement			
Assurance			
Autres charges ménagères			
Electricité			

Eau			
Système de cablage			
Gaz Propane			
Salaires personnels d'entretien			
Autres			
Ammeublement et équipements électroménagers			
Lits			
Chaises			
Tables			
Armoires			
Téléviseur			
Réfrigérateur			
Ventilateur			
Four			
Autres			
Habillement			
Vêtements			
Chaussures			
Sous-vêtements			
Bijoux			
Accessoires			
Education			
Frais d'entrée			
Uniformes			
Fournitures classiques			
Livres			
Autres frais scolaires			
Paiement d'heures suplémentaires			
Argent de poche			
Ouvrages personnels			
Diplômes post baccalauréats			
Séminaires et conférences			
Cours en ligne			
Autres			
Communication			
Achat de téléphone			
Unités d'appel			
Plan Internet			
Réparation de téléphone			

Autres accessoires			
Ordinateurs et autres équpements informatiques			
Programmes informatiques			
Autres			
Déplacement			
Achat de matériels de déplacement			
Réparation matériel de déplacement			
Assurance et frais de légalisation			
Carburant			
Abonnement périodique			
Autres charges de déplacement			
Loisirs et culture			
Plages et piqueniques			
Sorties nocturnes			
Cinéma / Théatre			
Boissons acoolisées et autres			
Vacances / Croisières			
Sport			
Autres activités de divertissement			
Frais financiers			
Intérêts sur prêts			
Cartes de crédit			
Frais des chéquiers			
Frais des attestations bancaires			
Frais des virements bancaires			
Paiement d'assurance			
Frais de transfert de fonds			
Autres services financiers			
Redevances fiscales			
Impôts sur le revenu			
Impôts locatifs			
Permis de construire			
Matricule fiscale			

Timbre pour certificat de bonne vie et moeurs			
Timbre de passeport			
Droit de license			
Autres redevances diverses			
Dons			
Dons divers et cadeaux			
Dimes et offrandes religieuses			
Cotisations versées aux associations caritatives			
Dépenses occasionnelles			
Soins médicaux			
Sécurité			
Soins du corps			
Dépenses non programmées			
TOTAL DEPENSES DE CONSOMMATION			
Dépenses d'investissement			
Immobilier			
Achat de biens en vue de revendre			
Achat de biens pour louer			
Entreprise d'Intermédiation			
Placements			
Epargne à terme			
Obligations			
Actions			
Investissement sur le marché informel			
Autre titres financiers			
Entreprises de service			
Activités techniques			
Activités de services informatiques			
Activités de transport et d'entreposage			
Activités de sécurité			
Activités de centres d'appel			

Activités d'hébergement et de restauration			
Services à la personne			
Activités de santé humaine et d'action sociale			
Activités d'art et de récréation			
Services funéraires			
Autres et PME			
Entreprise commerciales			
Produits alimentaires			
Matériels de poterie			
Véhicule et pièces de rechange			
Produits pour animaux			
Jouets pour enfants			
Boissons alcoolisées			
Matériaux de construction			
Vêtements et tissus			
Matériels électroménagers			
Equipements sportifs			
Matériels électroniques			
Produits cosmétiques			
Médicaments et matériels médicaux			
Meubles et accessoires			
Matériels scolaires et éducatifs			
Matériels professionnels			
Supermarchés			
Marchandises non spécialisées			
Autres marchandises			
Entreprises de transformation			
Agroalimentaires			
Métallurgie			
Industrie chimique			
Industrie pharmaceutique			
Industrie du vêtement			
Industrie mécanique			
Industrie électronique			

Industrie énergétique et environnementale			
Cordonnerie			
Couture			
Céréales en vin			
Détersifs liquides			
Cuisine et patisserie			
Artisanat			
Secteur primaire			
Agriculture			
Pêche			
Forêt			
Mines			
Gisement			
Elevage			
TOTAL DÉPENSES D'INVESTISSEMENT			
TOTAL DÉPENSES			
RESIDUEL BUDGÉTAIRE			

CHAPITRE 15

UTILITÉS DU BUDGET POUR LES FOYERS

Dans ce chapitre, on condensera dans quelques lignes et en quelques points certains avantages que peut apporter l'application du budget :

- Anticipation de toutes les éventualités financières futures
- Stimulant pour rester dans la limite de vos revenus
- Prise de décision aux bons moments
- Prévention contre les dépenses inutiles
- Incitation à l'investissement
- Contribution à l'atteinte des objectifs fixés
- Assurance de la sérénité financière

ANTICIPATION DE TOUTES LES ÉVENTUALITÉS FINANCIÈRES FUTURES

Qui se rappelle que le budget est un document prévisionnel ? On avait pris le temps de détailler les caractéristiques de cet instrument qui devrait servir de cheval de bataille dans le cadre du combat contre les problèmes d'ordre financier. L'un des points qu'on avait souligné est que le budget est élaboré avant son application et de ce fait on doit trouver des méthodes pour anticiper les situations qui vont se présenter. Certaines peuvent se révéler plus difficiles que d'autres en termes d'impact sur la balance budgétaire, mais l'essentiel est de les maitriser en réfléchissant sur la meilleure option liée aux différents cas de figure présentés.

En élaborant le budget, l'individu peut faire face à plusieurs situations de nature financière qui peuvent se résumer ainsi :

    i. Les revenus sont supérieurs aux dépenses, ce qui va occasionner un surplus budgétaire

    ii. Les dépenses sont supérieures aux revenus, donc on sera en présence d'un manque ou déficit budgétaire

    iii. Les dépenses sont égales aux revenus. C'est que nous appelons l'équilibre budgétaire.

Pour qu'on puisse mieux anticiper, il est conseillé d'utiliser des mécanismes centrés sur l'expérience comme la maitrise des spécificités des périodes, des techniques pour optimiser les résultats budgétaires et des comportements à afficher par rapport aux imprévus qui risquent d'avoir des conséquences désastreuses sur l'applicabilité du budget élaboré. Il est aussi conseillé de se référer à des éléments d'informations comme l'inflation, l'évolution du taux de change et certains autres indicateurs macroéconomiques pour mieux cerner ce qui pourra arriver au cours de la période d'exécution du budget.

Outre les résultats budgétaires qui peuvent être anticipés, certaines questions plus spécifiques qu'on aurait pu se poser trouveront déjà leurs réponses avec un certain degré de garantie telles que :

- Sur quelles catégories de revenus pourrais-je compter pendant la période ?
- Les ressources disponibles, seraient-elles en mesure de couvrir tous mes besoins ?
- Quelles peuvent être mes marges de manœuvre pour augmenter mes rentrées de fonds en cas d'insuffisance ?
- Quelles autres difficultés auxquelles je ferai face lors de l'exécution des dépenses ?
- Quelles sont les dépenses prioritaires à considérer et quelles sont celles auxquelles je peux me passer?
- Pourquoi dois-je mener tel train de vie ? Etc.

À partir de réponses à ces questions, vous serez plus aptes à affronter les différentes difficultés qui surgiront à l'avenir.

STIMULANT POUR RESTER DANS LA LIMITE DE VOS REVENUS

Tout individu exerçant une activité économique quelconque s'attend à un retour ayant une valeur financière communément connue sous le nom de revenu. Si l'on se réfère au dictionnaire en ligne « La Toupie » (www.toupie. org), le revenu peut être considéré comme « *l'ensemble des ressources ou droit qu'un individu, une entreprise ou une collectivité publique perçoit sur une période donnée, en nature ou en monnaie, sans prélever sur son patrimoine.* » On distingue en fonction de l'activité exercée plusieurs catégories de revenus. Dans la fiscalité haïtienne, le formulaire de déclaration définitive d'impôt sur le revenu utilisé par la direction générale des impôts (DGI) divise les revenus imposables[5] en plusieurs branches qui sont elles-mêmes subdivisées en des sous-catégories. Ces différentes branches sont :

    I. Revenus des traitements, salaires et toutes autres rémunérations
   II. Revenus des capitaux mobiliers
  III. Plus-values mobilières et immobilières
  IV. Revenus fonciers
   V. Bénéfices industriels et commerciaux
  VI. Bénéfices des professions non commerciales
 VII. Autres revenus

La perception de l'un des types de revenus sus mentionnés auxquels on peut ajouter les dons, quel que soit le montant, vous donne la possibilité de situer vos besoins à l'intérieur des ressources disponibles. La détermination des ressources qui seront disponibles passe d'abord par l'estimation de chacune des rentrées de fonds spécifiques et ensuite leur somme nous amènera à la limite de ce qu'on peut dépenser pendant la période. Tout effort visant à améliorer sa situation financière doit tenir compte de cette limite, car les détériorations

---

5   Les dispositions de l'article 13 du décret en date du 29 septembre 2005 relatives à l'impôt sur le revenu font état des revenus imposables.

commencent surtout quand on est obligé d'emprunter pour couvrir le surplus des dépenses de consommation. Le surendettement est un labyrinthe dans lequel on ne sortira pas si le respect de cette limite est négligé.

En finance, la détention d'information symbolise un pouvoir à exploiter positivement, car elle apporte des éléments de réponse à des questions qu'on ne s'est même pas posées. L'établissement du budget informe suffisamment sur les revenus que leur surpassement peut s'assimiler à un choix.

Dans l'exécution effective des dépenses, le budget doit servir de guide pour vous motiver à respecter les limites des revenus. Quand on est animé par une folle envie de dépenser dans des activités futiles, le budget ou un rappel du niveau global des revenus devrait nous empêcher de céder à ce désir qui va à l'encontre des principes de bonne gestion de la finance personnelle. Quand on se sent fasciner par une occasion intéressante, mais non nécessaire, la première question qu'on doit se poser est : est-ce que notre revenu disponible peut répondre à une telle dépense ? Lorsque des proches, votre femme, votre mari ou vos enfants vous poussent à effectuer des dépenses non essentielles, le montant total des revenus peut être utilisé comme argument pour refuser de céder à leurs caprices sans pour autant faire du budget une source de conflit au foyer. Certains amis aiment donner des conseils financiers en ignorant complètement ce que vos rentrées représentent exactement, c'est pourquoi la prise en compte de ces points de vue doit se mesurer à l'aune de vos revenus.

PRISE DE DÉCISIONS AUX BONS MOMENTS

Dans son ouvrage intitulé « Mission et fonction financières de l'entreprise », le feu Lhermite François (1998) a mis l'accent sur deux (2) grandes catégories de décisions financières pour les entreprises :

1. *Les décisions opérationnelles qui se prennent au jour le jour*
2. *Les décisions stratégiques qui concernent le long terme et qui se subdivisent généralement en trois (3) types :*

   - *Décisions d'investissement*
   - *Décisions de financement*

• *Décisions de distribution de dividendes*

Il est possible d'adapter l'ensemble de ces décisions à la gestion financière personnelle suivant une théorie selon laquelle l'être humain est un produit à améliorer quotidiennement en vue de parfaire sa rentabilité. Lorsqu'une entreprise prend de mauvaises décisions financières, celles-ci peuvent la diriger directement vers l'insolvabilité ou même la faillite. De même, l'individu qui traite avec négligence ses décisions financières opte pour des difficultés financières récurrentes qui peuvent même occasionner sa ruine. Donc il est nécessaire de prendre très au sérieux les choix que l'on a à faire sur le plan financier.

L'un des moyens d'anticiper les meilleures décisions financières qu'il faut prendre est l'élaboration d'un budget en bonne et due forme. Dans ce document qui nous aide à rationaliser nos choix, on anticipe très tôt les différents cas de figure possibles :

- Les dépenses et les recettes périodiques, étant prévisibles, on peut déjà se dire quelles sont les dépenses qui seront priorisées et quelles sont celles qui auront un autre type de traitement. Une fois que ces situations arrivent, on n'aura aucune difficulté pour décider, car on y avait déjà réfléchi, ce qui donnera une longueur d'avance sur les difficultés qui pourraient surgir.
- Les dépenses d'investissement sont une exigence pour pouvoir maximiser ses revenus. Toutefois, ce choix doit être mûrement examiné pour éviter de se trouver en face de ce qu'on appelle « un bonbon empoisonné » c'est-à-dire une opportunité apparente, mais qui fera plus de mal que de vous aider à améliorer votre situation financière. Au niveau du budget, le choix de ces types d'investissement, ayant déjà subi des analyses approfondies, est susceptible d'être très rationnel. Ceci permettra de gagner du temps au moment de l'exécution de ces dépenses. Il faut souligner, pour qu'un projet soit viable sur le plan financier, il doit être en mesure de dégager un niveau de bénéfice capable de rémunérer suffisamment les capitaux investis par les bailleurs en tenant compte des risques inhérents au projet.

- Le financement de la balance négative du budget et celui des investissements constituent un ensemble de points sur lesquels on doit être très prudent, car de mauvais choix à ces niveaux peuvent conduire à des impasses inévitables. C'est pourquoi, au niveau même de l'élaboration du budget, il est nécessaire de tenir compte des différentes méthodes qui seront utilisées pour combler ces manques afin de ne pas se trouver dans une situation où l'on doit « *dekouvri Sen Pyè pou kouvri Sen Pòl.* » C'est une expression créole qui désigne une situation où l'individu cherche, en permanence, à recourir à d'autres engagements pour compenser ses obligations financières qui se renouvellent chaque fois. Pour savoir si la méthode de financement est cohérente ou judicieuse, plusieurs aspects doivent être analysés minutieusement :

  - Le rapport qui existe entre le délai de remboursement (maturité des ressources) et le délai de récupération de l'investissement ;
  - Le rapport entre le résultat attendu de l'utilisation des ressources et le coût moyen des capitaux ;
  - Le niveau global de dette de l'individu ou du ménage.
  - L'évaluation des autres pistes de solution possibles.

PRÉVENTION CONTRE LES DÉPENSES INUTILES

Le choix des dépenses de consommations nécessaires a été effleuré dans le chapitre qui concerne les dépenses de consommation. Mais compte tenu de son importance, il s'avère important de l'aborder plus en détail. Il est évident que les besoins à satisfaire représentent l'essence même de la totalité des dépenses de l'être humain, que le besoin soit physiologique, de sécurité, d'appartenance et d'amour, d'estime et d'accomplissement de soi.

Si les besoins existent réellement, il faut apprendre à faire la différence entre ceux qui sont obligatoires et ceux qui ne le sont pas, entre ceux qui peuvent attendre et ceux qui doivent être satisfaits dans l'immédiat. En ce sens, quand on prépare un budget en tenant compte du degré d'importance des besoins, on sous-entend que la décantation entre les dépenses utiles et celles qui sont moins utiles apparait déjà avant que l'on soit arrivé au stade d'exécution. Donc ce ne sera pas une surprise de constater la nécessité d'effectuer tels types de dépenses ou de laisser tomber tels autres types.

Pour éviter les dépenses inutiles dans le budget et harmoniser celles-ci avec le sentiment de bien-être de l'individu, il faut réfléchir mûrement sur les facettes suivantes :

- La satisfaction des besoins dits physiologiques. Tel qu'il a été démontré, on ne peut pas se passer de ces besoins qui garantissent l'existence même de l'être humain ; car privé de ces moyens, il serait incapable de donner des rendements ou même s'éteindrait. C'est pourquoi je mets toujours beaucoup d'accents sur les dépenses de nourriture, de logement, de soin de santé. Il est inadmissible de souffrir de faim ou de faire semblant d'ignorer une maladie qui vous ronge et que vous dépensiez des sommes exorbitantes dans des activités non nécessaires. Votre survie et votre santé doivent être vos priorités.
- La prise en compte des sentiments de bien être de l'individu. Ce point a une importance capitale, car certains peuvent se considérer comme des robots s'ils sont tenus de respecter scrupuleusement une marche à suivre en ignorant complètement ce qui constitue leur délectation. Par exemple, certains ne peuvent pas se passer de leurs habits ou de leurs parfums de marque, certains tiennent beaucoup à leurs loisirs, d'autres font de la lecture leur passion, etc. Donc il faut faire une auto-évaluation pour voir les dépenses qui vous procurent cette satisfaction personnelle telle cette citation que l'on emprunte souvent à Socrate : « *Connais-toi toi-même.* » Cette assertion ne veut pas dire qu'il faut se soumettre à tous vos caprices, mais la maitrise de ces désirs peut aider à mieux les gérer.
- L'estimation des prix à payer. Chaque décision prise a un coût. C'est ce que va vous coûter ce choix sur le plan financier ou non qu'on va considérer comme le prix payé. Pour une meilleure compréhension, considérons un individu ou un ménage qui dispose de cinquante mille (50 000,00) dollars américains sur son compte et qui décide d'utiliser la totalité de cette somme pour se procurer une voiture neuve. C'est vrai que la voiture a une valeur financière de cinquante mille (50 000,00) dollars américains, mais une autre considération est qu'il court le risque de ne pas être en mesure de répondre à d'autres besoins qui peuvent

s'avérer urgents. Prenons un autre exemple qui concerne un individu qui décide de commencer à construire son pipeline ou sa fortune à travers un projet qui durera deux (2) ans selon ses prévisions. Il peut accepter de se passer de certaines satisfactions personnelles pendant cette période en vue d'atteindre son objectif dans le délai programmé. Donc les sacrifices qu'on accepte de consentir représentent un prix payé pour réaliser à temps son projet.

INCITATION À L'INVESTISSEMENT

« Une attitude d'abondance est le point central d'une mise en forme financière. » Telle est la compréhension des auteurs de la forme financière sur l'investissement. Ceci est une façon pour eux d'expliquer qu'il est important de bien gérer ses dépenses, tout en maximisant ses revenus. De ce fait, l'une des méthodes les plus efficaces est de créer ou d'acheter une unité économique capable de faire fructifier le capital initial investi.

Tout au cours de cet ouvrage et à chaque conférence à laquelle je suis invité à intervenir, je mets beaucoup d'accents sur les sacrifices à faire en vue de posséder sa propre activité économique pour plusieurs raisons qui sont justifiées et justifiables :

1. Selon Aliko Dangote (Life mag, 2018), considéré comme l'homme le plus riche de l'Afrique : *« Votre salaire ne peut pas vous rendre riche. D'ailleurs, il n'a pas été conçu pour vous rendre riche. Il a été conçu pour vous permettre de subvenir à vos besoins sur trente jours et d'être obligé de travailler trente autres jours pour être sûr d'en avoir. »*

2. Le salarié vend tout son temps pour gagner de l'argent, ce qui l'empêche de trouver du temps pour s'occuper des activités qui l'auraient intéressé comme : les voyages ; passer du bon temps avec sa famille ; pour les religieux, disposer du temps nécessaire pour le service de l'être suprême. En d'autres termes, le salarié ne peut pas disposer de son temps comme bon lui semble.

3. À chaque promotion reçue, de nouvelles responsabilités s'ajoutent et les attentes du patron augmentent. En cas d'insatisfaction, ce dernier est capable de vous renvoyer un bon matin. En réalité, le salarié subit assez souvent les impacts de l'humeur du patron.

4. Le salarié est toujours préoccupé par les augmentations de salaire, les régimes de retraite et les prestations médicales, les congés de maladie, les vacances et autres avantages.

5. Le salarié est obligé de se battre et, dans certains cas, d'aller à l'encontre de ses valeurs et croyances pour trouver une promotion.

Beaucoup d'autres allégations auraient pu allonger cette liste pour démontrer que l'emploi est loin d'être la meilleure source de revenus. Mais pour les familles à revenus modestes, l'emploi est assez souvent le seul moyen disponible pour commencer à accumuler des ressources et pour subvenir à leurs besoins. Peu importe le niveau de son salaire, l'essentiel est de se fixer des objectifs pour sortir de cette situation à un rythme acceptable.

L'une des méthodes préconisée est le prélèvement obligatoire d'un pourcentage de toutes les rentrées de fonds, quelle que soit sa provenance. Il sera investi dans des projets rentables et plus ou moins certains. En ce sens, l'élaboration du budget est la seule voie qui peut non seulement aider à prévoir ce type de dépenses, mais aussi à veiller en permanence sur ses projets d'investissement.

À la phase d'exécution du budget, toutes les informations concernant le ou les projets à réaliser seront déjà disponibles, car une analyse profonde était obligatoire avant de l'insérer dans le document. Puisque tout est déjà clair et que le doute est dans une certaine mesure dissipé, la motivation qui en résultera vous rapprochera de plus en plus de votre but.

CONTRIBUTION À L'ATTEINTE DES OBJECTIFS FIXES

Le budget incite dans une certaine mesure à investir et nous encourage à rester dans les limites de nos revenus. Ceux-ci constituent des objectifs pour celui qui décide de lancer une révolution dans sa vie financière. Même si la finance a une fonction transversale d'appui au bien-être, il est important de souligner qu'elle n'est pas le seul élément sur lequel les objectifs de l'être humain se tablent. En fonction de chacun de ses domaines de vie, décrits dans l'ouvrage « Savoir se vendre » (Barrais, et *al*, 2010), l'être humain peut avoir des objectifs distincts. Ainsi, les principales motivations qui animent chaque type de vie peuvent se résumer ainsi :

- Vie professionnelle : Dans le cadre d'un salarié, l'individu cherche à gravir des échelons au fur et à mesure en vue d'augmenter son salaire, mais pour les entrepreneurs, leur préoccupation est la maximisation des profits.
- Vie sociale : La personne s'engage dans des activités qui l'harmonisent avec son milieu qu'il soit dans le secteur sportif, culturel, politique, etc. Celle-ci requiert un engagement associatif.
- Vie personnelle ou intimité : Il est important pour lui de ne pas se sentir en contradiction avec lui. C'est pourquoi il agit assez souvent en fonction de son caractère, de son intérêt et de ce qui lui procure un sentiment de confort intérieur.
- Vie de couple : Garantir la paix dans sa relation avec son âme sœur demeure un acte éminemment déterminant dans sa quête de bonheur.
- Vie de famille : L'individu ordinaire se soucie à un certain niveau du bien-être de ses enfants, de ses parents et d'autres membres de sa famille ainsi que de ses amis proches.

L'atteinte de ces objectifs passe nécessairement par un équilibre dans sa finance personnelle, car des soucis économiques peuvent influencer négativement les différents buts à atteindre. On admet que :

- Des préoccupations financières répétées ont tendance à diminuer l'efficacité de l'employé au travail et à réduire la productivité de l'entrepreneur.
- La mauvaise humeur qui accompagne les problèmes d'ordre financier occasionne des détériorations des relations de l'individu et de son milieu. Dans certains cas, l'aggravation de cette situation peut avoir comme conséquence l'exclusion de l'individu des cercles d'appartenance.

- Se trouver dans une situation où l'on ne se sent pas en harmonie avec soi-même à cause de certains besoins financiers peut vous éloigner le plus que possible des énergies positives ayant pour mission de vous aider à contrecarrer les difficultés internes comme l'anxiété. Le pire est l'ignorance de la durée de cet inconfort.

- Tel qu'il a été déjà signalé, le problème d'argent constitue l'un des plus grands ennemis de la bonne relation entre deux (2) individus. Un problème qui aurait pu être maitrisé au début finira par avoir le dessus quand aucun effort n'est fait pour le gérer. Par exemple, si l'un des deux s'amuse à dépenser sans aucune forme de contrôle et que l'autre essaie chaque fois de prendre le contre-pied, ceci pourrait se déboucher sur des disputes permanentes qui auront des répercussions tôt ou tard sur la paix dans leur vie commune.

- Le bien-être des proches est lié indéniablement à la satisfaction de certains besoins qui peuvent être non seulement affectueux ou sentimental, mais aussi, et surtout, financiers. L'incapacité de l'individu à répondre à cette dernière catégorie de besoins est susceptible de gâcher une grande partie de ce qu'il comptait leur offrir pour les aider à se sentir confortables. Ce qui peut aussi entraver leurs relations.

Le budget, en tant qu'outil essentiel ou guide dans les prises de décisions financières, a le mérite de pouvoir aider son utilisateur à faire face à des situations difficiles sans abandonner ses objectifs. D'ailleurs, l'utilisateur sera plus confortable avec un document où tout est résumé et prévu :

- Où peut-il rencontrer des difficultés ?
- Quelles stratégies doit-on utiliser pour éviter de subir les effets néfastes d'une mauvaise gestion financière ?
- Comment articuler les dépenses en fonction de ses objectifs principaux ?
- Quelles sont les méthodes à utiliser pour maintenir le cap sur les objectifs ?

ASSURANCE DE LA SÉRÉNITÉ FINANCIÈRE

La sérénité est un concept qui peut être abordé sur deux (2) facettes. D'abord, elle consiste en l'état d'une personne qui, par sa sagesse et son expérience, reste insensible aux troubles, aux préoccupations de l'existence. Ensuite, elle caractérise *une indépendance d'esprit, une liberté de jugement, d'opinion.* (Source : www.cnrtl.fr) À partir de ces deux (2) considérations, on peut avancer que la sérénité est non seulement une attitude nécessaire dans les moments difficiles, mais aussi une exigence pour garantir un jugement équilibré.

Le reflet d'une paix intérieure et un état positif au quotidien sont les principales caractéristiques de la sérénité qui contribue grandement à l'équilibre de l'humeur, à l'apaisement des relations sociales, à l'amélioration de la confiance en soi et à l'énergie qui alimente l'esprit et le corps. Elle est applicable à tous les domaines influencés par des choix qui doivent être mûrement réfléchis, la finance personnelle par exemple.

L'application de la sérénité à la finance implique des prises de décisions basées sur des méthodes rassurantes malgré les pressions exercées par des facteurs qui ne dépendent pas de l'agent économique en question. Elle est essentielle depuis les premières analyses de la décision, en passant par les différentes options explorées jusqu'à la décision définitive. On peut donc affirmer que le budget garantit la sérénité, car :

- Il aide à anticiper les difficultés financières et à prévoir les moyens les plus efficaces pour résister.
- Il se base sur les expériences des périodes antécédentes afin que les choix soient judicieux.
- On utilise des techniques d'élaboration avérées qui lui confèrent une portée scientifique.
- Des méthodes d'évaluation approfondies caractérisant le budget facilitent l'adoption de mesures qui orientent son utilisateur vers des principes de gestion saine et prudente.

EN GUISE DE CONCLUSION

Financièrement, dépenser est inévitable. Plusieurs aspects doivent être pris en compte si l'on veut faire une étude approfondie tels que l'environnement, l'humeur, l'appartenance sociale, le caractère ainsi que l'éducation financière des individus. Pour justifier leurs dépenses futiles, certains recourent à des dictons ou des passages bibliques comme alibi ou prétexte. De nos jours, on constate une stimulation intensive des débours non réfléchis à travers des chansons populaires contenant des slogans fermentés à cet effet.

Dans certains milieux évangéliques, le constat est accablant, ils utilisent toute sorte d'arguments pour démontrer que les choses matérielles ne constituent pas des priorités pour les chrétiens. Ils ne se soucient pas trop des sujets qui ont rapport avec l'argent, car selon certaines tendances, comme le ciel et la terre passeront et qu'il est difficile pour un riche d'accéder au royaume des cieux, on ne peut compter que sur la providence pour orienter les choix ou les décisions financières. En outre, ils disent assez souvent que l'amour de l'argent est la racine de tous les maux.

Pour ceux qui accordent beaucoup d'importance à la perfection de leur connaissance, ils s'adonnent tellement aux activités d'étude qu'ils négligent la gestion de leur finance personnelle. Ils cherchent toujours des cas pratiques pour prouver que dans telle société ou dans telle catégorie sociale, il est impossible que les gens appliquent les principes d'une bonne gestion financière. Ils ne cherchent pas à créer des richesses, mais ils participent activement à consolider les empires déjà érigés par d'autres. Ils continuent à apprendre à leur progéniture que le meilleur chemin est de se rendre à l'école, d'obtenir de belles notes, de fréquenter de grandes universités et de se trouver un bon emploi. À la fin, on se rend à l'évidence qu'on s'est construit de telle sorte qu'on soit toujours dépendant d'un employeur. Ils sont toujours très sceptiques quant aux sujets qui traitent l'éducation financière.

L'une des caractéristiques communes qui définit le comportement des pauvres et des éléments de la classe moyenne est leur opinion sur la finance personnelle. Ces catégories dépensent beaucoup d'énergies pour gagner de l'argent, mais négligent les principes qui tendent à les aider à mieux gérer leurs dépenses. D'ailleurs, certains d'entre eux sont les premiers à avancer des critiques acerbes par rapport aux démarches visant à renforcer leur stabilité financière, car ils ne veulent pas sortir de leur zone de confort comme le signale Henry David Thoreau (réf : www.babelio.com) : « *La plupart des hommes mènent une existence de désespoir tranquille.* » Tant qu'ils se sentent confortables dans leurs positions ou avec leurs dettes, ils s'éloignent de cette prise de conscience qui aurait pu chambarder toutes les mauvaises pratiques suscitant des dépenses inutiles.

La finance personnelle ne s'apprend pas à l'école, les parents ne se soucient pas trop de la capacité de leurs enfants à utiliser à bon escient les fonds mis à leur disponibilité. L'accès aux informations sur les stratégies visant à faire fructifier ses rentrées et les méfaits des systèmes de crédit ne sont pas toujours accessibles. Tels sont entre autres des éléments qui expliquent les problèmes financiers de bon nombre de ménages.

Mais que font-ils pour y remédier ?

Un ami m'expliqua qu'il faisait face à d'énormes difficultés financières, il y a trois ans de cela. Malgré des compétences accrues en comptabilité et des évolutions dans son milieu professionnel, il n'a pas pu échapper à la précarité financière à laquelle fait face une très grande partie de ceux qui appartiennent au premier quadrant du cash-flow. Ce quadrant correspond, selon Robert T. Kiyosaki, à ceux qui tirent leurs principaux revenus d'un emploi quelconque, c'est-à-dire ceux qui travaillent pour le compte d'un employeur. Comme mentionné, cette catégorie n'a toujours pas le temps suffisant pour s'occuper d'autres choses et se plaint souvent de ce qu'elle gagne.

Constatant que sa situation se détériore de jour en jour, mon ami a procédé à une introspection qui l'a aidé à comprendre que cela ne pouvait plus continuer ainsi. Plusieurs raisons expliquent cette prise de conscience : ses dettes dépassaient assez souvent ce qu'il gagnait mensuellement ; il a une fille qu'il devait inscrire à l'école maternelle à ce moment-là ; malgré tout ce que lui et sa femme gagnaient, ils n'avaient aucun élément d'actif c'est-à-dire un bien détenu qui rapporte des gains ; il avait du mal à se projeter financièrement dans le temps. Il avait donc pris la résolution de procéder à un changement profond dans sa vie financière en suivant un processus assez pragmatique qui se résume ainsi :

✓ S'adonner à un programme d'éducation financière personnelle intense en lisant des ouvrages appropriés, en consacrant du bon temps à des recherches en ligne sur les meilleures méthodes applicables et en participant à des conférences présentées par des orateurs qui ont eu des succès financiers.

✓ Accepter de changer les mauvaises pratiques qui rongent ses économies telles que les dons excessifs, les sorties non contrôlées, les achats émotifs et l'utilisation des cartes de crédit de manière irrationnelle.

✓ Recourir au budget familial dans la gestion de ses rentrées financières.

✓ Effectuer un prélèvement mensuel obligatoire de toutes ses recettes.

✓ Investir dans des activités génératrices de revenus additionnels.

✓ Accumuler plus d'actifs à long terme au fur et à mesure que les liquidités commencent à être surabondantes.

Il m'avoue qu'au commencement, l'exercice n'a pas été facile ; l'un de ses plus grands obstacles était ses vieilles habitudes qu'il avait du mal à abandonner. Il se battait contre la paresse qui l'empêchait d'apprendre comment mieux orienter ses choix financiers, il avait du mal à appliquer le budget dans toutes les sphères de ses dépenses et il craignait les risques liés aux investissements qu'on lui proposait. Se référant à l'exemple des sportifs qui ressentent beaucoup de peines au commencement des séances d'entrainement jusqu'à ce qu'ils parviennent à s'y habituer, mon ami a abordé avec courage et avec détermination chacune des étapes susmentionnées. En fin de compte, il était fier de m'informer que depuis lors il a pris le goût de l'accumulation des actifs, il a éliminé toutes ses dettes de consommation et il n'a plus à faire face à des problèmes financiers récurrents.

Selon Mark Twain : « *On ne se débarrasse pas d'une habitude en la flanquant par la fenêtre, il faut lui faire descendre l'escalier marche par marche.* » (Réf.

https://citations.ouest-france.fr/) Ceci explique assez bien comment on doit s'y prendre pour changer des pratiques financières incorrectes qui ne peuvent se rayer d'un trait. Pour parvenir à instaurer de nouvelles modes de vie avec facilité, cinq (5) règles qui ont été inspirées du site web https://temps-action. com et qui peuvent produire des résultats efficaces et inattendus :

I. Se préoccuper d'une seule habitude à la fois. Comme le conseille le vieil adage — *qui trop embrasse mal étreint* —, se consacrer à l'adoption de plusieurs habitudes en même temps peut avoir comme conséquence l'incapacité de pouvoir s'adapter efficacement à l'une ou à l'autre.

II. Décider par laquelle commencer. Pour compter, on commence par le chiffre un (1), ensuite on arrive à deux (2), etc. Avant de pouvoir marcher, il est nécessaire de pouvoir se tenir debout. Ces deux cas illustrent suffisamment bien la nécessité de choisir l'habitude la plus importante pour démarrer avant d'aborder chacune des autres, étape par étape.

III. Déclencher des routines supportables. La répétition des mêmes actions dans les mêmes circonstances crée un réflexe automatique chaque fois que cette situation se présente. L'instauration de nouvelles habitudes passe par des sensations et des réactions instinctives dans des cas similaires.

IV. Créer une certaine constance périodique. La fréquence de cette habitude qu'on décide d'adopter doit être suffisamment stable dans le temps pour qu'elle devienne spontanée. Si l'on a à produire une action de manière quotidienne, hebdomadaire ou mensuelle, on doit s'assurer qu'un jour, qu'une semaine ou qu'un mois ne passe pas sans l'exécuter. Ceci rendra cette nouvelle habitude plus solide et plus facile à retenir.

V. La tester et l'ajuster. De même qu'il est nécessaire de toujours évaluer les impacts des actions posées, les nouvelles habitudes aussi doivent être passées au peigne fin afin d'analyser leur efficacité. Dans le cas où les résultats escomptés ne seraient pas atteints, il s'avèrerait nécessaire d'y greffer de nouvelles stratégies qui permettraient de se rapprocher de plus en plus des objectifs fixés.

Une meilleure application du budget à la finance personnelle passe nécessairement par la maitrise des différentes facettes qui caractérisent ce concept
conçu dans un premier temps à l'usage des finances publiques. Le budget
est plus qu'une simple feuille de travail élaborée, mais c'est un instrument
obligatoire à concevoir et à appliquer à tout moment. Son caractère antici-
patoire donne la possibilité d'observer dans le futur les situations éventuelles
susceptibles d'impacter les conditions financières. Mais pour le rapprocher le
plus que possible de la réalité, des méthodes efficaces, telles que l'utilisation
de documentations passées et la considération des dépenses en fonction des
périodes sont vivement recommandées. Il est aussi conseillé de tenir compte
des besoins suivant l'importance accordée à chacun tout en ayant dans sa
ligne de mire les besoins qui garantissent la survie de l'être humain.

Dans la vie, on recommande souvent d'être positif. En revanche, pour une
meilleure appréhension des recettes futures et pour se concentrer davantage
sur l'atteinte d'un équilibre budgétaire plus proche de la réalité, il est fondamental d'adopter une approche pessimiste. Celle-ci évitera de gonfler les
sous-rubriques de recettes qui ne sont pas garanties. Pour assurer l'équilibre
financier qui indique un niveau de revenu égal au montant total des dépenses
prévues, cette approche permettra de rester dans la limite acceptable dans
le pire des cas.

L'équilibre entre les deux (2) principaux postes budgétaires qui sont les rentrées et les sorties de fonds n'est pas toujours respecté. Dans bon nombre de
cas, elle peut accuser un solde positif ou négatif. Ce solde ne représente pas
une finalité en soi, mais le plus important est de maitriser parfaitement les
meilleures stratégies pour combler les déficits budgétaires ou d'identifier
dans quelles activités on utilisera le plus efficacement les surplus. Le rappro-
chement de ces choix par rapport à la réalité amènera à comprendre que le
budget représente un outil de contrôle considérable. Il permet de passer en
revue la performance et la qualité du système de gestion financière mis en
place ainsi que le niveau d'atteinte des objectifs fixés.

Henri Atlan, un philosophe et écrivain français souligne que « *la question n'est pas de croire en un contenu de connaissance scientifique, mais de délibérer sur le domaine de ses applications pertinentes pour savoir comment s'y référer et comment l'intégrer à l'orientation de notre pensée et de notre existence.* » (Réf. https://citations.ouest-france.fr) D'une autre manière, on peut dire que si la connaissance est importante, elle doit pouvoir orienter notre façon de comprendre les choses et notre existence. La finance personnelle, dont le budget est un élément, fait partie de ces champs de connaissances ayant la capacité de renverser complètement votre situation financière. Ce que l'on traverse sur le plan financier est déterminant dans la qualité de vie qu'on mène, car la finance peut aider les individus à accéder à un niveau de vie plus élevé.

L'être humain est, compte tenu de sa nature, conservateur, c'est-à-dire qu'il est réticent au changement même s'il patauge dans des situations embarrassantes. Il faut savoir quand avancer et quand reculer, il faut savoir quand dire oui et quand dire non, de même il faut savoir comment dépenser et comment économiser.

Maintenant que vous disposez d'autant d'informations sur le concept de budget, sur ses caractéristiques, sur les meilleures stratégies d'application, sur sa structure détaillée, sur ce que son application est capable de vous procurer en termes de bienfaits, qu'allez-vous faire ? Allez-vous refermer ce livre et vous reposer tranquillement en oubliant les essentiels ou décidez-vous dès maintenant de prendre les dispositions pour commencer à établir votre budget ?

À tous ceux qui optent pour la mise en application d'un plan budgétaire, je vous préviens que le début ne sera pas facile, mais si vous êtes déterminés à améliorer votre situation financière, vous devriez commencer dès aujourd'hui. « *Ne remettez pas au lendemain ce que vous pouvez faire aujourd'hui.* » Vous devriez aussi faire preuve de beaucoup de courage et de patience. Comme dit l'adage fameux :

« *La patience est amère, mais son fruit est délicieux.* »

RÉFÉRENCES BIBLIOGRAPHIQUES

Ouvrages et articles

Bardyn, C. (2016). *Philosophie avec les œuvres littéraires*. Paris, Armand Colin.

Barrais, D. et Winum, V. (2010). *Savoir se vendre*. Montrouge, ESF éditeur.

Bodie Z et Merton R. (2011). *Finance*. Paris. Nouveaux Horizons.

Brady, C. et Woodward, O. (2014) *La forme financière*. North Carolina, Obstaclès press.

Clason, George S. (1993). *L'homme le plus riche de Babylone*. Québec, Un monde différent.

Clerc, L. et Raymond, R. (2014). *Les Banques Centrales et la stabilité financière : nouveau rôle, nouveau mandat, nouveaux défis*. Revue d'économie financière, numéro 113, pp.193 — 214.

François, L. (1998). *Mission et fonction financières de l'entreprise*. Port-au-Prince, Imprimerie Henry Deschamps.

Kiyosaki, R. and Lechter, S. (2000). *Père riche père pauvre*. Québec, Un monde différent.

Kiyosaki, R. (2015). *Le Quadrant du cash-flow*. Québec, Un monde différent.

Larson, J. et Plamondon P. (2007). *Initiation à la comptabilité générale*. Tome I, Québec, Les Éditions de la Chenelière.

Maslow, Abraham H. (2012) *A theory of human motivation*. USA, Start publishing LLC.

Norem, J. (2015). *Découvrez le pouvoir positif du pessimisme*, Paris, InterEditions.

Organisation des Nations Unies (1948). *Déclaration universelle des droits de l'homme.*

Organisation des Nations Unies (1966). *Pacte international relatif aux droits économiques, sociaux et culturels.*

Paillant, J. (2008). *Code fiscal haïtien.* Port-au-Prince, Henry Deschamps.

Pierre Louis, P. (2011). *Code civil haïtien,* Port-au-Prince, Édition Zemés.

Privert, J. (2013). *Guide du contribuable haïtien.* Québec, Le Beréen/ Éditions Mémoire.

Smith, A. (1843). *La Richesse des nations.* Tome I, Paris, Guillaumin.

Staszak, J. F et Géneau de Lamarlière, I (2000). *Principes de géographie économique.* Paris, BREAL édition.

Sites web

Babelio, https://www.babelio.com/auteur/Henry-David-Thoreau/3197/ citations?pageN=2

Banque Centrale Européenne, La stabilité financière et la politique macro-prudentielle, https://www.ecb.europa.eu/ecb/tasks/stability/html/ index.fr.html

Boucher, Jean-Marie. *Une année de consommation sur la planète : des chiffres vertigineux,* www.consoglobe.com, 22 mai 2016, https://www. consoglobe.com/24-heures-consommation-mondiale-cg

Centre national de ressources textuelles et lexicales, https://www.cnrtl.fr/ definition/s%C3%A9r%C3%A9nit%C3%A9

Citation du jour :

https://citations.ouest-france.fr/citation-mark-twain/debarrasse-habitude-flanquant-fenetre-faut-33716.html

https://temps-action.com/former-nouvelles-habitudes

https://citations.ouest-france.fr/citation-henri-atlan/question-croire-contenu-connaissance-scientifique-110087.html

Commission Nationale des Services. *Panorama des services marchands en France*, 2015. https://www.entreprises.gouv.fr/files/files/directions_services/cns/0-accueil/CNS-2015.pdf

Décret du 24 février 1984 actualisant le Code du travail du 12 septembre 1961, NATLEX, https://www.ilo.org/dyn/natlex/docs/WEBTEXT/135/64790/F61HTI01.htm

Dicophilo. https://dicophilo.fr/definition/experience/

Group Croissance (2017), *Guide du citoyen sur le budget d'Haïti*, https://static.globalinnovationexchange.org/s3fs-public/asset/document/Guide%20du%20Budget%20National%20Haitien.pdf?aQXx_wpb5DlHL9IuKE98CglGLr3Qw6Ln

Institut National de la Statistique et des Études Économiques (2016). *Définitions, méthodes et qualité*, https://www.insee.fr/fr/metadonnees/definition/c1736

Larousse. https://www.larousse.fr/dictionnaires/francais/m%C3%A9nage/50418

Lewis, Michael R. *Comment élaborer un budget d'entreprise*. fr.wikihow.com, https://fr.wikihow.com/%C3%A9laborer-un-budget-d%27entreprise

Life mag (2018), *Aliko Dangote à propos du salaire*. https://lifemag-ci.com/leitmotiv-aliko-dangote-a-propos-du-salaire/

Mahmoud Salem, *Budget — origines historiques*, 19 septembre 2016, http://salem.over-blog.com/2016/09/budget-origines-historiques.html

Microsoft encarta 2009, dicos encarta

Optimistes ou pessimistes : qui sont les meilleurs leaders, Dynamique-mag, 2017, https://www.dynamique-mag.com/article/optimistes-pessimistes-meilleurs-leaders.6286

Société canadienne d'Évaluation. *Qu'est-ce que l'évaluation*, 2015, https://evaluationcanada.ca/sites/default/files/def_evaluation_sce_201510.pdf

Temps Action, *Les 5 règles quasi stupides pour former de nouvelles habitudes qui collent comme de la superflue*. https://temps-action.com/former-nouvelles-habitudes

Toupie.org, http://www.toupie.org/Dictionnaire/Revenu.htm

Troquet, Sarah. *L'histoire du vêtement au fil du temps*. rtbf.be, 2018. https://www.rtbf.be/lapremiere/article/detail_l-histoire-du-vetement-au-fil-du-temps?id=9969218

Wikipédia. https://fr.wikipedia.org/wiki/Abraham_Maslow

Autres supports

Zemeckis, Robert (Réalisateur). *Back to the future*, NBC universal, 1985, 116 minutes (Film), disponible sur Netflix.